개정판

정신건강을 위해 작업치료를 더하다
: 작업실천가들의 이야기
Occupational Activist

글에는 작가 고유의 지문이 있습니다.
작가의 심리와 무의식이 반영된 자유로운 문체를 추구합니다
비문과 오문을 허용하며 글맛을 살렸습니다.

개정판

정신건강을 위해 작업치료를 더하다

: 작업실천가들의 이야기
Occupational Activist

김영욱, 이영권, 황현승 지음

마음세상

프롤로그

    삶의 대한 이유와 동기부여가 없다면 우리는 작업적 존재가 될 수 있을까요? 한 사람의 삶에 묻어 인생을 re-design 하는 작지만 값진 정신건강작업치료사들의 작업치료 경험을 들어보세요.

    무엇인가를 설명하고자 할 때 가장 확실하게 전달할 방법은 '경험'이라고 생각해요. 단순히 '전달'이라는 목표를 넘어 타인에게 '동기부여' 라는 목적까지 달성하게 하는 경험은 분명 돈을 주고도 살 수 없는 귀중한 가치라고 생각하거든요. 이런 생각을 갖고 작업을 사랑하는 세 남자의 '경험의 가치'를 이 책에 담았습니다.

    사람을 설득해 움직이게 하는 것은 신기한 일이죠. 이 책이 사람의 마음을 움직이는 '동인'이 될 수 있도록 생생한 이야기를 담았습니다. 작업치료학과 입학부터, 정신건강작업치료사의 현장 경험까지! 작업을 실천하고자 하는 세 남자의 이야기들을 선물합니다.

프롤로그 … 6

제1장 작업을 통한 건강한 삶
작업치료에 대한 오해를 해명하다 … 11

나의 직업은 사실 여러 가지입니다 … 15

작업치료사를 정신건강작업치료사로 만들어 준 고마운 은인 … 20

정신건강만 좋아지면 사람의 작업이 증진된다고 믿었던 아마추어 … 27

제2장 작업 스토리
등수가 뒤에서 두 번째 약함이 강함이 되다 … 33

일시적 만족보다는 장기적 행복을 전하는 치료사 … 38

작업치료가 만들어 내다 1 : 가치 … 45

작업치료가 만들어 내다 2 : 발전 … 50

작업치료가 만들어 내다 3 : 살아있음 … 55

제3장 치료 스토리
왜 작업치료여야 하는가? … 60

목표는 무엇인가? … 67

어디를 치료할 것인가? ··· 79

어떻게 치료할 것인가? ··· 87

클라이언트 변화에 대한 고찰 ··· 93

글을 마무리하며 ··· 97

제4장 중독의 굴레를 벗어나

들어가며 ··· 100

당신만이 할 수 있지만, 당신 혼자서는 할 수 없다 ··· 119

제5장 내가 생각한 중독자, 실제로 만나본 중독자

중독자라는 직업과 일 ··· 132

글을 마치며 ··· 174

에필로그 ··· 177

제1장
작업을 통한 건강한 삶

국립법무병원 정신건강작업치료사 김영욱

작업치료에 대한 오해를 해명하다

"안녕하세요, 저는 병원에서 근무하는 작업치료사입니다."라고 당당히 나를 소개하고 싶지만, 우리나라에서 보건의료인이 아닌 이상 작업치료에 대해 정확히 인지하는 사람은 극소수에 불과하다.

설령 누군가 작업치료를 알고 있다고 해도 그 작업은 노동에 관련된 것, 단순한 활동 정도로 정의할 수 있으며 요즘 말하는 MZ세대들에겐 이성에게 호감을 이끌기 위한 표현을 작업이라 하고 있다.

작업(Occupation)은 사람들이 개인, 가족, 지역사회와 함께 시간을 보내고 삶의 의미와 목적을 가져오는 일상 모든 활동을 말한다.

좀 더 쉽게 예를 들어보자.

어떤 학생은 아침에 일어나 씻고, 밥을 먹고, 등교하여 일과를 마친 뒤 친구들과 오락하는 것이 청소년들의 흔한 작업이다. 성인기 직장인들에겐 출근하여 성과 있는 업무를 마무리하고 퇴근 후 지인을 만나 식사를 하는 것까지 개인에게 의미 있고 목적 있는 활동을 우리는 전부 작업이라고 부른다.

장애를 가지고 태어나거나 혹은 살아가는 생애주기에 신체적, 정신적 그리고 사회적인 장애가 생긴다면 누군가에겐 평범한 이런 소중한 일상들에 루틴이 이전의 삶과는 달라진다. 우리는 일상 회복을 원하는 그들의 삶 속에 개입하여 행복한 잔소리를 하는 부모님이 되기도 하고 보지 않는 곳에서도 응원하는 친구가 되기도, 변모를 누구보다 원하는 스승이 되기도 한다.

최근 정신건강복지법이 개정되기 전 우리나라에선 정신장애인들을 대상으로 작업치료사가 아닌 비전문가에 의해 작업치료를 빙자한 노동력 착취가 이뤄졌다. 궁극적으로 기관 운영비 절감을 위해 최저임금에도 못 미치는 시급을 지급하는 등 강제노동이 이뤄진 셈이다. 실제로 내가 필드에서 만난 당사자들은 대부분 화장실 청소, 과수원 취업 등이 작업치료라고 생각하며 치료에 대한 동기를 실추하고 '정신질환자'라는 타이틀로 좌절과 희망의 경계를 수없이 경험하고 있던 것이다. 물론 환경미화, 생산업, 포장과 같은 단순 업무가 나쁘다는 것은 아니다. 하지만 나에게도 직업에 대해 원하는 욕구와 흥미가 있듯이 당사자 그들도 그럴 것이라는 말이다. 정신질환자가 온전히 잘할 수 있는 일을 제공하는 것도 중요하지만 그들이 살아온 삶과 작업을 조금이라도 들여다본다면 바라보는 관점은 달라진다. 내가 하고 싶은 일, 좋아하는 일, 해보고 싶은 일을 할 때 일의 능률과 직업의 만족도는 당연히 높아질 것이다. 간절히 원하던 직업인으로 살아가며 행복을 얻는 사람이 있을 수 있고 반대로 일을 통해 돈을 벌어 내 여가에 질을 높이기 위해 출근을 하는 사람들도 있다. 이들은 공통된 일을 하지만 일하는 목적이 다르다. 직업재활 영역에서 우리 작업치료사의 프라이드는 '직업을 삶의 전부가 아닌 수단으로 이용해 보다 질 좋은 작업을 즐기며 개인이 원하는 Life style로 살아갈 수 있도록 하는 것'이 아닐까?

작업치료를 전공하는 학부생 때부터 우리는 클라이언트가 원하는 작업수행에 방해되는 다양한 요소들을 평가하고 분석한다. 더불어 그 사람이 좋아하는 것, 하고 싶은 것, 해보고 싶은 것, 잘하는 것 등 그 사람의 욕구를 반영한 강점 관점으로 그들을 이해하는 것을 여러 차례 연습한다. 배운 것을 실천하지 않으면 무식꾼만 못하다는 말이 있다. 이제는 우리가 학습한 지식과 경험들을 정신과 현장에서 타 지역 전문가들과 협업하며 우리의 서비스를 원하는 당사자와 가족에게 바로 실천해야 할 때가 온 것이다.

인권에 따른 다양한 관점과 해석은 난해하다. 기성세대들이 살아왔던 힘든 시대는 이제 잊고 경제 선진국답게 인권이 중시되는 사회 문명으로 탈바꿈이 되어야 인권 선진국이 될 수 있다고 자부한다. 그렇기 위해선 앞으로 우리는 작업치료(Occupational therapy)의 정의를 올바르게 이해하고 우리 도움이 필요한 당사자들의 작업을 함께 탐색하여 보다 생산적인 작업에 참여할 수 있도록 노력해야 한다.

나의 임상 경력은 올해로 고작 10년 차다. 나는 내 직업을 사랑하지만 새로운 일을 도전하는 순간은 매년 어려웠다. 치음에도 이려웠고 작년에도 어려웠으며 현재는 작년보다 조금 더 어려운 것 같다. 하지만 지금 내가 내 직업을 사랑할 수 있는 이유는 앞서 이야기한 듯 나에게 가치 있는 직업(작업치료사)의 흥미와 욕구로 시작된 동기유발이 가장 큰 이유이다. 병아리가 알에서 깨어나기 위해서는 어미와 병아리가 알 양면에서 쪼아야 일이 순조롭게 완성된다는 말이 있다.

정신건강 작업치료 발전을 위해 노력해 주신 임상 선배님들, 교수님들, 타 직역 전문가들이 나를 직업인으로 살아갈 수 있게 도와준 만큼 나 역시도 앞으로의 작업치료를 사랑하고 당사자들을 위해 선한 영향을 주는 그런 작지만 단단한 역할을 하고자 한다.

나의 직업은 사실 여러 가지입니다

작업치료사가 되기 위해선 작업치료(학)과를 졸업하고 작업치료사 국가시험에 합격해야만 보건복지부 장관에게 면허를 받게 된다. 작업치료학과 학부 과정은 국가시험에 나오는 문제들을 풀 수 있도록 시험에 출제되는 다양한 작업치료 관련 교과목의 커리큘럼으로 운영된다. 간호, 임상병리, 방사선 등 다른 보건 계열 전공자들이 필수로 전공하는 해부학, 생리학, 의학용어에서부터 작업치료사들의 필수전공인 연하치료, 인지재활, 아동작업치료, 정신사회작업치료, 신경계 및 근골격계 작업치료 등 정말 광범위한 학문을 접한다.

이때 작업과 작업치료를 명확하게 이해하지 못하면 나 같은 '부정의 늪'에 빠지게 된다. 나의 부정의 늪을 잠깐 들여보자.

작업치료학을 전공하면서 해부생리학이나 병리학을 배울 때는 내가 간호학과 학생인가 하는 생각이 들었다. 삼킴장애 재활치료를 공부할 때는 치위생을 전공하는 것 같았고, 아동 관련 과목을 공부할 때는 특수교육을 전공하는 기분이었다. 신경계 및 근골격계를 공부할 때는 마치 물리치료학과처럼 느껴졌고, 지금 내가 현장에서 가장 크게 활용하고 있는 정신사회 작업치료학 과목을 배울때는 임상심리사와 어떤 차이가 있는지 혼란스러웠다. 이처럼 작업치료학과는 다양한 영역을 아우르다보니 나는 작업과 작업치료의 정의를 이해하지 못한 채 직업 정체성의 혼란을 가지고 엉겁결에 졸업했다. 이론적으로 작업치료의 뿌리는 인본주의에 바탕을 둔 도덕적 치료(moral treatment)를 시작으로 정신위생 운동(mental hygiene movement), 정착운동(settlement movement), 수공예운동(arts & crafts movement), 실용주의 철학(philosophy of pragmatism) 등에서 발전된 학문이며 철학적으론 클라이언트 중심 치료, 작업 중심 치료, 근거 기반 치료, 문화를 고려한 치료를 기본으로 전문성과 다양성을 나타내는 치료이다. 즉, 작업치료를 하기 위해선 한 사람을 삶을 이해하고 그 삶의 작업을 과학적 근거기반으로 치료하는 전문성이 필요하다.

사람은 개인마다 모두 특성이 다르고 삶의 조건도 다르다. 한 사람을 이해하고 치료하기 위해 사람과 환경 그리고 작업에 대한 이해와 지식을 갖추어야 함을 학부 때 인지했더라면 나의 임상 첫 시작은 '부정의 늪'이 아닌 '긍정의 숲'이 되었을 것이다.

그래도 나는 결과적으로 작업치료사가 되었으니 자신감 있는 표정을 지으면 자신감이 생긴다는 마음으로 당당히 병원에 취업했다. 하지만 한 사람의 삶과 작업을 이해하기엔 학부 때 배운 과목들론 턱없이 모자랐다. 그때 나는 아무것도 모르는 새내기였지만 아무리 훌륭한 치료사라 해도 환자나 그 가족에게 서비스를 제공하고 100퍼센트 만족하는 사람은 단연코 없을 것이다.

내가 처음 의료기관에서 근무하던 때 만난 어떤 환자가 나를 만나 말했다.

"선생님, 제가 발병 후 기억력이 많이 떨어졌는데요. 저는 금전 관리를 잘해야 해요. 주식이 저에게 아주 중요하거든요."

이 분은 뇌졸중 발병 후 다리의 반신 기능이 마비되어 걷고, 이동하는 데 가장 큰 불편함이 보이던 분이었다. 이동하려면 서야 하고 걷기 위해선 다리의 관절 가동범위, 근력운동이 당연히 필요하지만, 하지만 이분이 나에게 원하는 작업치료는 '주식'을 지속하기 위한 '금전관리' 였다. 인지기능 중 기억력과 집중력이 선행되어야 상위 수준의 기획력(planing), 체계화(organization), 문제해결 능력(problem solving), 추상화(abstraction)를 할 수 있다. 기억력과 집중력이 좋지 않으니 인지기능을 치료하면 이분이 원하는 주식을 다시 할 수 있을 것이라는 믿음으로 치료 서비스를 제공했던 그 시절이 지금에 나는 굉장히 부끄럽다. 그때 의료기관에 입원하는 급성기 환자는 국가 '수가체계' 이유로 최대 6개월이면 다른 타 병원으로 전원을 했었는데……. 그 기간 동안 나는 열심히 기억력, 집중력만 치료하다가 결국은 그분이 원하는 작업의 성취 없이 만남과 헤어짐을 되풀이한 셈이다.

그분을 지금 다시 만난다면 주식을 해야 하는 이유를 가장 먼저 묻고 원하는 작업을 수행할 때 누군가의 도움이나 개입이 얼마나 필요한지, 스스로 금전관리에 참여하고 싶은 정도는 어느 정도인지 등등 묻고 싶은 것도 많고 함께 하고 싶은 것도 많았을 것 같다.

이처럼 인지기능이 부족한 사람, 신체기능이 부족한 사람, 사회적인 역할이 없는 사람, 삼킴장애가 있는 사람, 근골격계 변형이 있는 사람, 보조기를 하는 사람, 움직이지 못하는 사람 등 우리는 다양한 증상과 질환들과 접촉한다. 우린 이 증상이나 질환들을 치료하기 위해 있는 직군이 아닌 그것들이 작업수행에 방해되는 요소들을 치료하고 개입하는 직군임을 기억하자.

원하는 꿈을 찾기 위해 다양한 참여와 탐색이 필요한 분들에겐 선생님처럼, 젓가락, 숟가락질 등 식사 방법을 다시 배워야 한다면 부모님처럼, 우울하고 불안한 심리상태를 호소한다면 따뜻한 말동무가 되어주는 친구처럼, 손주의 온정을 느끼고 싶은 어르신이 있다면 개구쟁

이 손주처럼 말이다.

　작업치료에서 역할(role)은 굉장히 중요하게 다뤄진다. 나와 독자들 모두가 다양한 역할과 관계를 갖고 삶 속에서 상호작용하듯 우리도 그들의 인생에 묻어 섬세한 시선으로 그들에게 좋은 역할이 되어주면 좋겠다. 우리가 임상에서 만나는 사람들은 이전엔 평범했던 일상이 발병의 이유로 평범하지 못한 삶 속에서 다시 재활(rehabilitation) 하고 싶은 간절함이 있는 사람들이다. 우리는 이분들이 다시금 행복을 되찾는 여정을 함께 하는 중요한 역할을 갖게 된다. 그들이 원하는 행복은 거창하지 않다. 그 긴 여정 속에 느끼는 치료사의 우정, 친절, 배려, 온정에 그저 감동하고 기뻐하는 이들이 대부분이다. 역시나 작업은 멈춰있는 특정 직업인 명사가 아니고 그 명사를 향해 움직이는 동사이고 현재 진행형임을 잊지 말자.

작업치료사를 정신건강작업치료사로 만들어 준 고마운 은인

　대부분 대학입시를 준비할 때 고통과 설렘이 공존하는 꿈을 꾼다. 현실적으로 막연한 미래로 향하는 과정을 치밀하게 계획하고 실천해야 그 꿈을 성취할 수 있다고 믿기 때문이다. 필자 역시 2010년 대학에 입학할 때 작업치료학과를 졸업하면 재활병원이 전부가 아닌 정신건강 분야에도 당연히 취업할 수 있는 줄 알았다. 졸업장을 받기도 전부터, 나는 마음속에 품어온 꿈을 향해 조용히 준비해왔다. 평소 오가며 눈에 담았던 정신재활시설과 정신건강복지센터에서 일하고 싶다는 바람은 점점 간절해졌다. 4년의 학부과정을 마치고 국가고시를 치르자마자 나는 망설임 없이 여러 곳에 소진 지원을 시작했다.

하지만 무엇 때문인지 아무런 연락이 오지 않았다. 이상하다. 학점도 4점대 이상으로 우수한데 왜일까? 지방대를 나온 탓일까? 작업치료학과는 대부분 지방에 소재하는데……. 분명 1995년 정신질환자 치료에 대한 체계적 기준을 마련하기 위해 정신건강복지법이 개정되었고 개정 내용에는 정신질환자의 '회복과 재활 그리고 사회복귀'가 필요하다고 하는데……. 재활의 전문가 작업치료사는 왜 채용되지 않는 걸까?

대학 선배들을 떠올렸다. 생각해보니 정신과에 취업한 선배는 단 한 명이었다. 그것도 그 선배는 전남에 소재한 국립병원에서 잠시 계약직으로 근무한 뒤 작업치료와 전혀 다른 일을 하고 있었다. 하지만 선례가 없더라고 포기하고 싶지 않았다. 학교 다닐 때 가장 흥미를 느끼고 열심히 학습했던 과목이 '정신의학', '정신 사회작업치료학', '재활심리학', '정신건강개론'인데 배운 것을 써먹지 못하는 무식꾼이 되고 싶지 않았다. 나는 '간절함'이라는 동아줄을 움켜잡고 정신건강 증진 업무를 수행히는 기관들에 무작정 전화하기 시작했다.

"안녕하세요. 올해 졸업 예정자인 예비 작업치료사 김영욱입니다. 작업치료사는 정신과에서 -------- 이런 업무를 수행할 수 있는 직군입니다. 아직 신졸이지만 이곳에서 정신건강 업무를 꼭 습득하고 싶습니다."

라고 나의 간절한 포부를 전했지만, 채용 담당자들은 어떠한 이유와 근거도 없이 이렇게 말했다. "작업치료사는 안 뽑아요." 그리고 뚝 끊어진 전화.

그렇게 몇 번이나 전화하고 메일을 보내도 돌아오는 답변은 모두 부정적이었다. 나의 직업적 가치가 절망스러웠다. 정신 건강 영역에 있는 타 직역들이 바라보는 작업치료사에 대한 부정적인 시선에서 나오는 반응이 아직도 생생하다.

그렇게 필자는 자연스레 현실의 장벽을 받아들인 채 우리를 꼭 필요로 하는 재활의학과에 취업했다. 처음에는 내가 제일 어려워했던 신경, 근육을 공부하고 환자의 입속을 보며 연하치료를 하면서도 그래도 나로 인해 한 사람의 일상생활의 질이 높아진다는 것이 참 매력 있게 느껴졌다.

그렇게 1년, 2년, 3년 시간이 지나 '신입'이란 딱지를 떼게 되었다. 겁이 없고 야망이 넘쳤던 신입 시절 나의 뜨거웠던 열정이 점차 식는 것이 느껴졌다. 어느 날부터 치료실 거울에 비친 나의 모습이 다르게 보였다. 열정 없이 환자의 관절을 잡고 반복적으로 가동운동만 제공하는 나의 모습과 환자의 욕구를 묻기보다 기계처럼 일하는 모습에 절망이 오기 시작했다.

나는 누구인가? 물리치료사인가? 작업치료를 누구보다 사랑한다고 자부하던 내가 어느 순간 환자의 작업을 묵인하고 있던 것이다. 그때 나는 결심했다. '내가 좋아하는 직업을 유지하기 위해선 하고 싶은 일

을 해야 한다.'

다시 정신건강 작업치료에 관련된 정보들을 찾아보다 한국정신 건강작업치료학회에서 운영하는 SNS에 들어가 임원으로 보이는 분께 염치를 무릅쓰고 갑작스레 연락했다. 한참이나 나의 직업적 고민과 대한민국 남자로서 살아갈 수 있는 내 미래에 대한 넋두리를 장황하게 펼쳐놓았다. 그때부터 그 학회 임원분은 나에게 은인이 되었다. 그 임원분은 전적으로 내 이야기를 한참이나 경청한 후 이야기한다.

"선생님께서 작업치료를 사랑하는 마음이 정말 크게 느껴집니다. 저는 지금 충남 공주인데 지금도 정신과에서 일하는 작업치료사들이 모여 정신건강 작업치료 발전에 대해 고민하며 토론하고 있습니다. 선생님처럼 우리 분야에 관심을 주시는 분이 우리의 희망입니다."

감동이었다. 여태까지 아무도 나의 정신과 도전기를 지지해주지 않았는데, 나에게 희망을 말해준 사람은 처음이었다. 더군다나 실제 정신과에서 일하는 작업치료사를 처음 접해본 것도 모자라 현장에서 일하는 치료사들이 한자리에 모여 있다니…….

그때 나는 현장에서 '필요한 사람'이 되기 위해선 '열정'만으로 되는 것이 아니라는 것을 느끼고 재활병원에서 습득한 치료 기술들을 토대로 정신과에서 살릴 수 있는 강점을 고민하기 시작했다. 정신병원이나 정신재활시설 홈페이지에 들어가 보면 대부분 일상생활 훈련, 운동요법, 인지치료, 그룹 치료 등 이미 우리가 당연히 할 수 있고 이미

하는 중재들을 비슷하게 하고 있었다. 불현듯 자신감이 생겼다. 정신질환, 뇌 병변 질환, 신체질환 모두 결국 질환이나 증상의 차이지 우리의 치료 목적은 최종적으로 작업을 증진하기 위함이라는 확신이 있었기 때문이다. 물론 그 안에서의 이론의 틀과 치료적 접근방법은 다르겠지만 그래도 나는 왠지 할 수 있을 것 같았다.

  2020년 협회, 학회, 교수, 임상가 등 많은 이들의 노력으로 정신건강복지법이 개정되면서 작업치료사가 정신건강전문요원에 22년 만에 포함되게 된다. 국가 정책의 흐름과 정신질환자의 재활치료가 부각되는 추세에 따라 나도 처음으로 서울에 소재한 정신 재활시설에 입사할 수 있게 되었다. 그 뒤 2020년에는 정신건강전문요원 자격을 취득하기 위해 1년간(1,000시간 이상)의 정신건강작업치료사 2급 수련과정에 참여하게 되었다. 이 시기는 내게 단순한 자격취득을 위한 시간이 아니었다. 오히려 작업치료사로서의 정체성과 방향을 다시금 다잡게 된, 인생의 중요한 전환점이었다. 그 중심에는 나의 슈퍼바이저였던 국립정신건강센터 강현구 선생님이 계신다. 선생님은 언제나 한결같은 태도로 내게 가르침을 주셨고, 작업치료사로서 가져야 할 태도와 시선을 몸소 보여주셨다. 따뜻한 인간미와 냉철한 전문성을 함께 지닌 그 모습을 보며, 나도 이런 사람이 되고 싶다는 마음을 품게 된 것 같다. 나에게 항상 가르침과 응원을 아끼지 않으시고, 정서적인 지지를 전해주신 나의 슈퍼바이저 국립정신건강센터 강현구 선생님께도 깊은 감사의 말씀을 전하고 싶다.

나는 정신과에 이직하기를 앞두고 한가지 선택이 필요했다. 당시 재직 중이던 기관에서 중소기업 장기복무 촉진을 위한 국가 정책상품에 가입돼 있었다. 일정 기간 근무를 하게 되면 목돈이 생기는 상황이었다. 당시 이미 2년을 근무했던 나는 1년만 더 근무하면 목돈을 받을 수 있었지만 후회하고 싶지 않았다. 나의 선택에 대해 잘되길 바란다는 응원과 성급하지 않냐는 현실적인 조언을 해주는 사람들도 있었다. 하지만 내 열정과 포부를 저버리고 싶진 않았고 돈을 선택했다면 앞으로의 내 인생이 더 참담하고 우울할 것 같았다.

그렇게 나는 정신재활시설을 첫 입문으로 음지에서 고통으로 신음하고 있는 정신질환자들을 만나게 되고 나의 선택이 보상되듯 최종적으로는 우리나라 국내 유일 범법 정신질환자를 치료하는 국립법무병원에 내 생일날 임용되었다. 여태 받아 본 선물 중 가장 값진 생일선물이었다.

또 2022년 우리나라 역사상 처음으로 특례 기준이 되는 작업치료 임상가들이 보건복지부 장관이 발급하는 '정신건강전문요원' 자격증을 취득하게 되었다.

돌아보면 다양한 상황에서 오는 의미 있는 고민은 나의 성장을 돕는 존재였다. 좁은 문턱을 넘고 길을 개척하며 후배들을 위해 발자국을 남겨준 임상 선배님들이 있었기에 누군가를 모델링 할 수 있었고 그

것들을 동기부여로 필자도 그 길을 따라 걸을 수 있었다고 본다. 그 중에서도 나에게 특별한 은인이 있다.

   2017년 내 직업적 가치에 대한 고민으로 처음 알게 된 잘생기고 젊었던 학회 임원
   2018년 2기 정신건강작업치료사 수련과정에 대해 처음 알게 해준 1기 수련 선배
   2020년 4기 정신건강작업치료사 수련과정에서 열정강의를 해주신 강사
   2021년 한국정신보건작업치료학회 발전을 위해 함께 고민하는 홍보 부회장
   2021년 ~ 2025년 지금 내가 일 하는 국립법무병원 정신재활치료과 주무계장

   2017~2025년까지 위 은인은 모두 같은 인물(송강식 선생님)이다. 나를 정신건강작업치료사로 만들어 준 은인과 지금은 같은 회사 그것도 한 공간 옆자리에서 근무할 수 있게 되었다. 혼자는 작은 물방울이지만 모두가 함께 있으면 바다가 된다는 말이 있다. 작은 물방울이 마르지 않고 바다의 들어올 수 있도록 도와준 은인! 앞으로도 내 삶의 고마운 은인과 함께 작업치료 발전을 위해 노력할 수 있음에 늘 감사하다.

정신건강만 좋아지면 사람의 작업이 증진된다고 믿었던 아마추어

　우리나라에는 1980년대부터 지금까지 정신과에서 오랫동안 종사하시며 퇴직하신 몇 분의 선배님들이 계신다. 하지만 아직 우리 현장의 임상가는 전국에 이백여 명도 안 되는 소수에 불과하다. 우리나라에서 소수는 '약자'로 인식한다. 선진국일수록 약자에게 과잉동조를 하지 않는다고 하는데 어째 우리나라에선 동조는커녕 차별의 색이 더 큰 것일까? 하지만 작은 고추가 맵다고 하지 않던가. 우리의 직업적 윤리와 전문성을 정립하고 우리만의 색깔을 찾을 수 있는 시간이 더 주어진 셈이다. 아직은 작지만 앞으로 단단해질 기회가 열려 있다고 생각한다.

정신과 작업치료사들이 소수라면 나는 고작 소수점에 불과한 새내기 아마추어 치료사이다. 내가 스스로를 아마추어라고 표현했지만 적어도 타 직역들과 함께 일하는 정신건강 현장에서 '재활'의 프로가 되고 싶다. 사전적 의미로 '프로'는 어떤 일을 전문으로 하거나 그런 지식이나 기술을 가진 사람을 뜻한다. 우리의 서비스를 원하는 당사자들은 우리가 '프로'가 되어 주기를 진정으로 바랄 것이다. 오랜 임상 경험이나 경력이 자연스레 프로를 만들어 주는 것은 아닐 것이다. 세월이 프로를 만들어 주는 것이 아닌 '연습'과 '반복' 그리고 무엇보다 우리가 그들의 삶에 묻어 인생에 개입하여 그들과 상호작용할 때 우리는 성장하고 프로가 되는 길의 시발점이 될 것이다.

내가 생각하는 작업치료에서의 재활의 목표는 우리가 한 사람의 삶에 묻어 보다 행복한 삶으로 살아갈 수 있도록 삶을 re-design 하는 것이다. 내가 처음 근무하던 재활병원에서는 환자의 삶을 re-design 하기 위해 작업치료사, 물리치료사, 언어재활사, 사회복지사 등 다학제 간 팀워크 어프로치(teamwork-approach)를 통해 치료계획이나 퇴원 후 일상에 대해 논의하고 협력하였다.

한 아이를 키우려면 온 마을이 필요하다는 아프리카 속담이 있듯이 우리 현장에서도 대상자들의 회복을 위해 다양한 직군들의 공동체와 지역사회들이 적극 힘을 합쳐야 한다. 비슷한 맥락으로 재활을 성공적으로 하기 위해선 우리도 다른 전문가들과의 협업이 먼저 되어야 한다는 것을 재차 말하고 싶다.

하지만 정신과 세팅에서는 직역별 역할 경계가 뚜렷하지 않다. 정신 건강영역에서는 이미 예전부터 직역 구분 없이 환자들에게 오락, 음악, 수공예, 일상생활 기술훈련, 사회 기술훈련, 자조 모임 등 재활 프로그램이 진행되고 있었다. 물론 모든 직역이 한 사람의 회복이라는 공통의 목표를 가지고 재활을 위해 함께 애써 주는 건 서비스를 받는 대상자 입장에선 너무나도 고마운 일이다. 다만 내가 현장에서 느끼는 가장 안타까운 점은 우리나라는 선진국의 의료서비스에 비해 협력체계의 구축이 미흡하다는 점이다. 위에 말한 듯 '당사자들의 회복'이라는 공동의 목적이 있다면 목적을 달성하기 위한 세부적인 목표는 정신건강 전문가들이 당당히 나열할 수 있는 그런 시스템 구축이 필요할 것이다.

나는 계속 재활과 협업의 중요성을 강조하지만 사실 나는 역시나 아마추어 치료사다. 왜냐면 위에 말했던 오래전부터 행해왔던 '재활'에 참어하면 무작정 정신직 기능이 좋아지겠다고 생각했기 때문이다. 그러나 우리가 만나는 정신질환자는 대부분 신체활동 제약으로 비만, 고혈압을 호소하고 있으며 오랜 기간 정신 약물 복용하여 떨림, 균형 저하, 신체감각 손실 등 다양한 약물에 대한 부작용을 보인다. 임상에서 대상자들이 호소하는 것들은 이뿐만 아니다.

1. 불안장애 진단을 받고 강박증을 호소하는 환자가 취침 전까지 담배 한 갑을 모두 다 태워야 편하게 수면을 할 수 있다는 A님
2. 음식을 부정적으로 인지하여 바르지 못한 영양 관리를 하는 B님
3. 평소 힘없이 위축된 모습으로 신체 배열을 제대로 맞추지 못하는 ○○씨에게 올바른 자세 교육을 제공하려 하지만 '저는 마약성 진통제를 쓰고 있어서 자세가 이래요.' 라며 잘못된 사고를 보이는 C님
4. 본인의 신체 건강관리를 독립적으로 하지 못하는 D님

작업치료사에게 임상 실천의 구조와 방향성을 제시하는 Occupational Therapy Practice Framework, OTPF-4, 2020) Client Factors를 보면 ICF 분류와 같이 신체기능 외 정신기능, 감각기능. 신경근 골격기능, 심혈관, 면역기능까지도 제시하고 있다. 신체기능에 정신 기능, 감각기능, 신경근 골격기능, 심혈관, 면역기능까지도 제시하고 있다. 따라서 이론적, 학문적으로도 몸과 정신은 하나라는 게 맞다는 것이다. 간단히 생각하면 정신적 증상으로 인해 신체적인 건강도 악화할 수 있고 반대로 신체적인 건강이 악화하여 정신건강이 나빠질 수 있다는 것이다.

하지만 고작 작업치료 10년 차에 감히 자신 있게 말 할 수 있는 건 정신건강이던 신체건강이던 사실상 우리에게 증상이 가장 중요한 것은 아니다. 정신질환을 치료하는 게 작업치료가 아니고, 신체질환을

치료하는 게 작업치료도 아니다.

  우리는 한 사람의 작업을 치료하기 위해 정신, 신체 등 여러 가지 요소들을 다룬다는 것을 잊지 말자. 인간은 작업적 존재이다, 작업 없이 인간은 건강하게 존재할 수 없다는 신념을 되새기자. 그렇다면 작업의 건강을 치료하는 우리는 언젠가 '건강의 전문가'로 인정받는 날이 가까이에 올 것이라 기대한다.

제2장
작업 스토리

클럽하우스 해피투게더 정신건강작업치료사, 이영권

등수가 뒤에서 두 번째
약함이 강함이 되다

국가고시를 앞두고, 치루는 모의고사는 총 8번이 진행되었는데 그 중 7번이 불합격이었고 8번째 모의고사에서는 자신감만 떨어지는 것 같아 시험에 불참한 적도 있다. 제일 충격이었던 것은 졸업 후 취업을 위해 성적증명서를 출력했을 때 나의 석차 등수였다. '88/90' 학과 정원은 90명이었고 그 중 나는 88등이라는 등수로 졸업했던 것이다. 열정이 있었던 만큼 결과가 비례했다면 더할 나위 없이 좋았겠지만 내 현실은 그렇지 못했다. 결과상으로 보이는 것들이 항상 부족했기에 그동안 알게 모르게 받았던 무시와 조롱들 또한 기억에 선명하다. 하지만 단언컨대 그 시절 나의 부족함과 그로 인한 어려움의 시간이 없었다면 지금 이 글을 쓰고 있는 나의 모습은 감히 상상할 수도 없을 것이다. 그러므로 그 시절 밑바닥을 경험한 나에게 위로를 전하고 싶다. 또한 나를 무시하고 조롱했던 이들에게 감사하다는 말을 전하고 싶다.

흔히들 작업치료를 'occupy' 단어로 설명하곤 한다. 이는 작업치료' occupation therapy'의 동사로 설명되는데 'occupy' 는 '점령하다, 주인이 되다, 쟁취하다'라는 개념으로 작업치료 자체가 도전적인 학문임을 설명한다. 작업치료사로서 이 개념은 나에게 큰 위로와 도전을 심어주었고 내가 밑바닥을 경험하며 생겨난 약함과 치부들을 결코 부정적으로만 판단할 것이 아니라는 의미를 깨닫게 했다. 실제로 나의 밑바닥 경험은 나의 치료 현장에서 의미 있게 쓰이고 있다.

"남들처럼 모아둔 돈이 있는 것도 아니고 입원 기간이 길었다 보니 앞으로 살아갈 날들이 막막해요."

근래 환자에게 들었던 가장 마음 아팠던 말이다. 아무리 공감하려 해도 당사자가 아닌 이상 모든 것을 공감할 수 없다는 한계는 분명 존재한다. 그러나 나는 이러한 종류의 면담 때마다 나의 약함과 치부들을 사용한다. 감추고 싶고 가장 힘들었던 시기를 개방하며 위로를 전할 때 힘을 내보겠다는 환자의 말에서 내가 경험한 'occupy'를 발견한다. 이처럼 내가 경험한 작업은 약함이 결코 부끄러운 것이 아니라 그

것은 위로를 전하는 위치에 있는 치료사에게 강함으로 작용하는 강력한 무기임을 알게 했다. 내가 약함이라고 생각했던 것들이 긍정적으로 작용하지 못했을 때는 내가 전하는 치료에 있어서 자신감이 부족했고 치료사인 나조차도 내가 하는 치료를 신뢰하지 못했었다.

"이런 상황에서는 이렇게 치료하는 게 맞는 걸까?"

"내가 괜히 환자를 더욱 나쁜 길로 인도하는 것은 아닐까?"라는 수많은 염려와 걱정에 사로잡혔던 때가 있었다. 그러나 어느 순간 치료를 하는 데 있어서 변화를 유도하는 것이 꼭 수준 높은 기술(skill)에만 있지 않다는 것을 알게 되었다. 나의 약함이 강함이 되었던 것처럼 말이다! 이 이야기를 조금 더 깊은 맥락에서 해보고자 한다.

우리가 어렸을 적 읽었던 위인전을 말해보라고 한다면 어렵지 않게 명장 이순신 장군에 대해서 금방 떠올릴 수 있을 것이다. 이순신 장군이 활동했던 시대가 몇백 년이 흐른 후대에 이르러서도 존경받는 이유가 무엇일까? 결과적으로만 봤을 때 그분은 조선을 왜군으로부터 지켜낸 명장이기 때문이다. 그러나 존경받는 이유에 있어서 그 과정을 더 깊이 해부해볼 필요가 있다. 나는 그 이유를 그분의 '도전정신'에서 찾을 수 있다고 생각한다. 익히 알고 있듯이 그분은 자신의 위대한 업적 때문에 당시에 주변인들로부터 온갖 핍박을 당했었다. 그리고 그분이 전쟁터에 나갈 때는 무언가 완벽하게 갖춰져 있지 않았던 적도 있었다. 실제로 그분이 했던 유명한 말이 있지 않은가? "신에게는 아직 열 두 척의 배가 남아있습니다." 너무나도 열악한 환경 속에 있었지만, 그것을 극복하고 승리했던 그 힘을 우리는 배워야 한다. 그것이 바로 '도전정신' 이다. 이 '도전정신'은 이순신 장군 본인에게 자기 역할을 분명히 하게 했다.

심지어 자기 역할을 도저히 수행할 수 없는 환경 속에서도 생명을 걸고 싸우게 하는 요소가 되었다. 다시 말해 '도전정신'을 갖고 역할을 유지하는 길잡이 역할을 한다는 말이다. 이순신 장군과 정반대가 되는 인물이 있다. 아마도 이순신 장군을 생각하면 항상 대비되어 욕을 먹는 인물이 있다. 그는 바로 조선시대 무신 원균이다. 그는 이순신 장군의 난중일기에 의하면 여러 차례 등장하는데 자신의 역할을 제대로 수행하지 못한 모습으로 나오게 된다. 사실인지 아닌지 모르겠지만 임진왜란 당시 싸워보지도 않고 도망갔다는 이야기가 있을 정도이다. 그러니 당연히 후대에 이르러서도 비난 받을 수밖에……. 이순신 장군과 대비하여 원균은 '도전정신'이 존재하지 못했다. 그에게 설령 이순신 장군에게 없었던 뛰어난 기술과 전략이 있었다고 한들 '도전정신'이 없는 그에게는 무용지물일 것이다.

우리는 이 역사적 이야기에서 교훈을 받을 필요가 있다. 나아가 작업치료사로서 '도전정신'을 대입할 필요가 있다. 작업치료가 아쉽게도 아직은 생소하다는 환경 속에 있기에 이러한 노력은 더욱 필요하다. '도전정신'을 작업치료사로서 확립한다면 우리에게 어떤 긍정적인 일들이 생길까? 부족함이 존재할 수는 있어도 적어도 작업치료사로서 자부심은 높아질 것이다. 누구에게나 '약함'은 존재한다. 그러나 그 약함은 반드시 강함이 될 수 있다고 믿는다. 나는 치료사로 살아가면서 아는 것이 없는 지식의 결여가 '약함'이라고 늘 생각해왔다. 그러나 그 약함을 없애고자 알아가려고 노력해온 모든 순간을 돌이켜볼 때 약함이 강함으로 변화되고 있음을 느끼게 되었고 알아가고자 힘쓰는 모든 것들은 더 이상 약함이 아닌 강함임을 알게되었다.

늘 스스로 생각해보는 것이 있다. 내가 부족하여 약함 가운데 있었지만 그렇다고 내가 치료사로서 무지한 것은 아니구나, 나에게 지식의 결여가 있을지라도 알기 위해 노력한다면 나는 '도전정신'을 가진 치료사로서 성공이지 않겠는가? 하고 생각한다.

일시적 만족보다는 장기적 행복을 전하는 치료사

"당신은 행복하십니까?"라는 질문에 자신 있게 답할 수 있는 사람이 과연 얼마나 될까?

각종 질병과 사건, 사고, 미래에 대한 두려움과 불안, 좌절과 허무의 연속을 마주할 때면 행복은 가까이 있는 것 같지 않게만 느껴질 때가 많다. 이처럼 하루가 다르게 급변하고 있는 시대를 살아가며 우리에게 편리함으로 다가오는 것도 많겠지만 그 변화를 감당해내지 못하거나 활용하지 못해서 사람들의 마음도 날로 예민해져만 간다. 이 챕터에서는 그 행복에 대해 글을 써 내려 가볼까 한다.

주위를 둘러보면 뉴스 기사 하나만 봐도 사람들의 예민함이 고스란히 전해지곤 한다. 예컨대 정치, 교육, 노동, 인권, 복지, 사회 등 여러 분야에 걸쳐서 기사 내용이 인터넷에 올라오면 사람들은 저마다의 생각을 댓글에 자유롭게 표현한다. 수많은 사람이 가상공간에 모여들어 자연스레 찬성과 반대를 포함한 여러 가지 의견들이 분분한 것을 보게 된다. 물론 그 안에서 생기는 시대적 갈등들이 부정적인 것만은 아니다. 갈등이야말로 사회변화를 꾀하는 주요한 기제가 작용하기도 하며 긍정적인 여론을 만들어 내기도 한다. 하지만 그중에는 정말 사소한 주제에도 비판을 넘어 서로를 비난하고 헐뜯고 분열되어 감정싸움으로 번지게 되는 내용을 더 많이 보게 된다. 단적인 예를 들어 설명한 것이어서 전체가 그렇다고 하기에는 오류가 존재할 수 있어 위험한 생각이겠지만 한 가지 분명한 사실은 과거에 따듯했던 분위기를 잃어버린 것은 부정할 수 없는 사실이다. 이 때문에 주변에서 "그때가 좋았지."라는 말을 많이 듣곤 한다. 이러한 사회적 분위기에 비추어 볼 때 여러 가지 역동적(dynamic)인 상황에 대처하는 능력이 낮은 정신과 환자들은 너무나 위험한 환경에서 지내고 있다고 생각한다. 어쩌면 행복이라는 단어와는 너무나도 거리가 멀어진 상태로 살아가고 있는 분들과 마주할 때면 작업치료사와 환자의 관계를 떠나서 인간적인 연민을 느낄 때가 있다. 이런 위험에 놓인 클라이언트 분들에게 행복의 가치를 전하는 치료사가 되어야겠다고 늘 다짐한다. 그 다짐을 이루기 위해서 내가 할 수 있는 일은 무엇이 있을까? 안타깝게도 내가 만난 환자들은 행복과는 너무나 거리가 멀어진 상태에서 살아가고 있음을 관찰했다. 이것은 그들이 애초에 행복해질 수 없는 사람들이 아니라 행복해질 방법을 모른다는 것에 더욱 가깝다. 환자들이 진단받은 정신과 질환이 그들을 행복하지 못하게 만드는 요소는 아니다. 그들이 가진 증상에 더해서 그들이 자라온 시간과 성격적인 특성 그리고 그들이 마주하는 환경적인 부분들이야말로 환자들의 작업을 파괴하는 실질적인 요소라고 생각한다.

최근 회복의 trend는 질병이 없어지는 것이 아닌 질병은 존재하지만, 그것을 극복하고 도전하는 능력 이라고 말한다. 이러한 관점에서 봤을 때 나는 치료사로서 환자들을 행복하지 못하게 만드는 요소들과 싸워야 한다고 생각한다. 잘못된 행복의 기준은 오히려 환자들을 불행으로 이끌어가는 요소가 될 수 있기에 그것이 행복인 것처럼 쫓는 그 무언가와 나는 싸워야만 한다. 너무나도 고되고 어려운 싸움이 되겠지만 그것들과 싸워 쟁취해야만 진정한 변화를 이뤄낼 수 있다고 생각한다. 작업치료 중재 방법에는 옹호(advocacy)라는 유형이 있다. 이는 삶의 여러 작업에 클라이언트가 온전히 참여하기 위한 지략을 찾고 이를 쟁취하기 위해 클라이언트에게 권한을 부여하며 작업적성에 대해 홍보하는 직접적 노력으로 표현된다. 즉, 클라이언트와 협력하여 작업에 참여하도록 돕고 클라이언트가 행복의 진짜 가치를 알도록 돕는 것이다. 이것이 내가 생각하는 행복의 가치이며 클라이언트를 행복으로 이끄는 중요한 요소이다.

　계속해서 행복의 진짜 가치를 안내하기 위해서는 내가 먼저 그 행복의 가치를 경험하고 알아야 한다고 생각했다. 행복의 가치를 전해야 하는 사람이 그 가치를 모른다면 앞뒤가 맞지 않은 이야기일 것이다. 환자의 삶을 디자인 하는 치료사가 되기 위해서 내가 환자에게 무엇을 전하든 전하는 내용에 있어 내가 먼저 경험한 것이 수반 되어야 하고 그 경험을 통한 가치를 명확히 설명할 수 있어야 한다고 절실히 느낀다. 그렇다면 앞서 설명한 행복에 있어서는 나는 어떤 가치를 환자들에게 전해줄 수 있을까?

　여전히 한참을 알아가는 중이지만 나는 행복에 대해 중요한 경험을 한가지 갖고 있다. 언젠가 길을 걷다가 만 원을 주운 적이 있다. 돈이 엄청나게 필요했던 건 아니지만 예상치 못한 만 원이 생겼으니 얼마나 좋았겠는가? 줍자마자 이 돈을 어떻게 쓰면 좋을지 생각하니 싱글벙글하였다. 하지만 그 행복한 감정은 그리 오래가지 못했다. 만 원을 어디에 쓸지도 모를 만큼 쓰는 건 너무나 쉽게 끝나버렸고 만 원이 없어지자 허무함만 남게 되었던 기억이 있다. 돌이켜보니 그것은 행복이라는 표현보다는 '일시적인 재미' 라는 표현이 더 잘 어울린다는 생각이 들었다. 오랜 시간이 지나 지금에서야 알게 되는 건 행복은 소유 여부에 달리지 않았다는 것 그리고 행복은 잠깐에 있지 않고 조금 더 지속 가능한 장기적인 특성이라는 것을 알게 되었다. 행복의 진짜 가치를 알게 되는 중요한 순간이 되었다.

이러한 경험들이 정말 가치 있다고 생각하는 이유가 있다. 모든 치료 현장이 그렇겠지만 정신과 현장에서는 객관적인 근거(evidence base of reference)에 기반한 치료 기술(skill)이 분명 필요하다. 그러한 요소들은 환자에게 신뢰성을 갖게 하고 치료의 질이 높아지게 되는 주요 사항이다. 하지만 때로는 객관적인 기술보다 주관적 경험을 더욱 강조할 때 환자가 나에 대한 방어적인 자세를 버리거나, 또는 환자와 더욱 친밀해지거나 하는 등의 효과가 있을 때가 있다. 즉 나의 경험이 곧 치료 기제가 되는 것이다. 따라서 나는 내가 경험한 (만 원을 주웠던 경험) 것을 토대로 환자(들)에게 행복의 진짜 가치를 전하고 있다.

내가 담당하고 있는 환자분 중 한 명은 낮 병원 안에서 진행되는 식당 근로를 시작했었다. 식당 근로란 자활 훈련의 한 종류로서 낮 병원 점심시간에 회원들의 식판 설거지를 하고 책정된 임금을 받고 있다. 처음 시작은 아주 긍정적이었다. 과거 여러 번의 취업 실패 경험이 있었던 터라 이번 자활 훈련을 통해 자신감을 찾고 추후 직업재활을 통해 환자가 원하고 있던 목표인 취업까지 도전해볼 계획을 하고 있었다. 그러나 내 생각과는 너무도 다르게 환자는 돌연 중단 의사를 밝혔다.

"내가 너무 능력이 없는 것 같아요."

"무언가 시작을 한다는 것이 아직은 어려워요."

"저는 할 수 없을 것 같아요."

환자분의 이야기를 들으면서 내가 나름대로 계획했던 부분을 실행하기 어렵다는 것도 아쉬웠지만 환자의 입장에서 생각해 볼 때 그런 말을 하는 환자의 마음은 얼마나 더 무너져 내릴까? 생각해보니 정말로 마음이 아팠다. 무엇이 환자를 이토록 절망에 놓이게 하였는가? 과거 이 환자분과 초기면담(intake)을 진행할 때 직장에서 주변인들로부터 모욕적인 언사를 들었다는 말을 이야기해주신 적이 있다. 솔직한 말로 그런 이야기를 들을 때면 분노가 치밀어 오른다. 한 사람은 그 모욕적인 언사로 인해 일상생활이 불가능할 정도로 힘든 삶을 이어가고 있는데 정작 가해자는 떵떵거리며 사는 모습을 생각하면 나도 모르게 주먹이 불끈 쥐어진다. 하지만 내가 분노만을 갖는다고 해서 정작 환자의 삶이 달라질 것은 아무것도 없지 않은가?

나는 작업치료사로서 앞서 설명한 시대적 분위기를 이해하고 그 안에서 최대한 환자의 삶을 긍정적으로 디자인하는 것이 환자를 돕는 가장 실질적인 방법이고 나의 역할이라고 생각했다. 이를 위해 치료사로서 나는 내가 경험한 행복의 진짜 가치를 이분에게 전하고 있다. 정말 감사하고 다행이라고 생각하는 것은 깊은 절망에 빠진 환자에게 그 어떤 것도 들리지 않을 지금 이 시기에 나의 경험을 환자에게 전해줄 수 있어서 감사하고 기쁘다. 물론 아직 눈에 띄는 변화는 없다. 어제도 낮 병원을 그만둬야겠다며 약 복용을 거부한 환자를 설득하고 올 정도였으니, 하지만 지금 나타나는 이 환자의 모습에 실망하기에는 너무나 이른 것 같다.

  내가 추구하는 그것은 너무나 쉽게 얻어질 수 있는 것이 아니라 열심히 싸워야만 비로소 얻게 되는 것이기 때문에 지금 상황에 실망하지 않는다. 부디 나와 환자와 연합하여 싸워내는 것들이 장기적 행복을 알이기는 중요한 요소가 되어가길 바란다.

작업치료가 만들어 내다 1 : 가치

앞선 내용에서는 나의 경험에 의한 작업이 치료 현장에서 어떻게 쓰이는지를 주관적인 관점에서 기술해보았다. 이제 본격적으로 내가 경험한 작업치료가 어떤 것을 만들어 내고 어떻게 발전되는지를 써 내려 가볼까 한다. 먼서 내가 있었던 임상 현장에서 작업치료가 만들어 냈던 것은 바로 '가치(Value)'였다. 가치란 인간의 지적-감정적-의지적 욕구를 만족하게 하는 대상의 성질을 의미하며 이는 우리가 어떤 것을 생각하고 그것을 취하려 할 때 지대한 영향을 주는 요소이다. 예컨대 "그 물건의 상품 가치는 얼마나 되죠?" 또는 "그런 가치 없는 일에 너무 시간을 낭비하지 마." 처럼 쓰이곤 한다. 나는 이러한 가치가 삶을 긍정적으로 유지하게 하거나 지금보다 더 나은 일상을 가능하게 한다고 생각한다. 너무나 감사하게도 이러한 가치라는 말을 내가 있는 치료 현장에서 경험하여 작업치료의 가치를 확립할 수 있게 되었다. 조금 더 설명을 덧붙이고자 나의 학창 시절 이야기를 해볼까 한다. 기타연주에 큰 관심이 많았던 학창 시절 하지만 처음부터 기타 연주에 관심이 있었던 것은 결코 아니다. 그도 그럴 것이 기타라는 악기는 보이는 것처럼 쉽게 배울 수 있는 악기가 아니기 때문이다. 하나의 코드를 치기 위해서는 손가락에는 물집이 잡히고 굳은살이 생겨야만 비로소 완벽한 소리를 낼 수 있다. 어설프게 손가락을 옮겨다 놓으면 소리가 아예 나오지 않거나 듣기 싫은 소리를 낸다. 그 때문에 기타라는 악기를 처음 배울 때 악기를 배운다는 느낌보다는 인생을 배운다는 느낌을 더 많이 받았었다. 기타 배우기 활동이 내게는 너무 버거운 일이어서였을까? 당시 기타를 배울 때는 별다른 의미를 두지 않고 시간 보내기 수단으로 배웠었던 악기였다. 그러나 하루, 이틀, 일주일, 한 달, 일 년……. 시간이 갈수록 기타라는 악기에 매력을 느끼게 되었고 시간이 꽤 흐른 뒤에는 나의 소중한 작업으로 발전되었다. 그 당시의 경험을 곱씹어 볼 때 시간과 노력을 투입하는 작업 활동은 반드시 의미 있는 것으로 발전하는 것을 깊이 느끼게 된다.

    내가 배웠던 기타 배우기라는 작업이 내가 행하는 작업치료 현장과는 전혀 무관한 이야기라 생각될 수도 있겠지만 이것이 연결 연결되어 지금은 나의 치료 현장에서 치료기제로 쓰이고 있다. 요양원에 근무할 당시 어르신들의 '여가 프로그램'의 주된 내용은 유튜브 음악을 재생시키고 가만히 앉아서 음악을 듣는 것이 전부였다. 당시 매우 정적인 여가 프로그램의 형태가 지루하다고 생각하여 기타를 활용한 음악프로그램을 만들어서 진행을 해봤던 적이 있다. 처음 시도한 프로그램이었지만 프로그램은 성공적으로 마무리할 수 있었다. 현재 근무하고 있는 정신과 낮 병동에서도 마찬가지다. 동아리 합창단 프로그램에 기타를 활용하여 진행하거나 각종 행사 때 기타연주를 통해 환자들의 반응과 분위기를 긍정적으로 만들 때 사용하고 있다. 이처럼 그 당시에는 어렵게만 느껴지고 크게 의미를 두지 않고 시작했던 기타 배우기 활동이 가치를 발휘하고 있는 모습을 볼 때 참 많은 생각을 가지도록 한다. 이제 치료 현장에 있는 나는 어떤 경험을 하든 그것을 수행하는 데 있어서 "내가 너무 손해 보는 것이 아닐까?" "내가 너무 시간 낭비를 하는 것이 아닐까?"와 같은 후회는 하지 않으려고 노력 중이다.

물론 무엇인가를 새롭게 접할 때 들 수 있는 당연한 마음이겠지만 결코, 쓸모없는 작업은 없다고 생각한다. 내가 쓸모없다고 생각한 활동이 지금은 당장 필요 없어도 분명 쓸모있게 발전한다고 믿는다. 심지어는 내가 좋지 않은 일을 겪을 때 그리고 그 일을 처리하고 극복해 나가는 것 또한 소중한 가치가 될 수 있음을 나는 믿는다. 그 과정 속에서 많은 것들을 선택(choose)하고 수행(performance)할 때 수행과정을 그저 불행한 일로만 생각한다면 아무런 의미가 없을 테지만 그 또한 작업의 일환으로 생각한다면 나는 내가 한 번도 경험하지 못했던 기술(skill)을 배우는 좋은 경험이 될 수 있다고 생각한다.

그러한 경험이 축적된다면 경험을 통해 배운 기술을 환자들에게 공유하고 교육할 수도 있다. 가치는 모든 순간, 모든 시간에서 발견할 수 있다.

인간의 작업은 시간적, 물리적, 사회문화적 배경 속에서 일어나고 있다. 따라서 치료사가 경험하는 모든 일은 매우 중요한 가치를 지닌다. 그것이 좋은 경험이든 나쁜 경험이든 환자에게 전해줄 수 있는 중요한 가치를 만든다고 생각한다. 지금도 내가 있는 치료 현장에서는 안타깝게도 작업이 만드는 가치의 중요성을 모르고 시도 자체를 두려워하거나 시도의 동기를 잃어버린 환자분들을 만난다. 적극적인 활동까지는 바라지 않더라도 본인의 건강을 위협하고 나아가 미래까지도 불안정하게 만들어버리는 작업 참여(occupation engagement)의 제한을 보고 있을 때면 그들에게 전해줄 작업의 가치를 위해 고민하는 내 모습을 발견하게 된다. 환자들이 직접 도전해 볼 만한 가치 있는 작업을 살펴보고 그것을 발견한다면 나의 경험을 곁들여 이 말을 전한다.

"여러분이 현재 하는 모든 작업은 현재로서 가치가 없다고 느낄 수도 있겠지만 언젠가는 반드시 쓸모 있는 작업으로 발전할 것입니다.

그 작업이 아주 크거나 아주 작거나 관계없이 그 작업을 포기하지 말고 이어 나가 보세요."

 이처럼 그저 아무런 맥락 없이 작업을 발전시키는 것이 중요하다는 의미전달보다는 내가 경험한 이야기를 들려드릴 때 그 안에서 해보겠다는 의지를 불태우는 환자들의 열정을 발견한다. 무엇인가를 도전하는 데 있어서 어려움과 두려움이 있는 환자들에게 나의 경험을 이야기해줄 수 있어서 기쁘고 그 안에서 환자들의 동기를 발견할 수 있어 기쁘다.

작업치료가 만들어 내다 2 : 발전

작업치료를 통해 만들어지는 작업은 여러 가지 측면에서 긍정적인 요소를 만들어낸다. 이러한 작업은 인간과 밀접한 영향을 맺고 있으며 삶의 중요한 지표들을 형성하게 한다.

그중 또 한가지는 작업이 '발전'을 만들어 내는 것이다. 그동안 작업을 통한 발전의 이야기를 이 지면에 적으면서 클라이언트를 관찰하며 얻은 발전의 중요성과 내가 직접 겪은 발전의 중요성 두 가지의 경험을 이야기해볼까 한다.

먼저 클라이언트 발전에 관한 경험 이야기이다. 내가 요양원에 근무할 당시 치매를 진단받은 어르신들에게서 공통적인 증상(symptom)을 관찰할 수 있었는데 그것은 요양원 입소 초반 극심한 불안 증상을 경험한다는 것이다. 입소하시고 온종일 어르신들이 말씀하시는 것은 집에 언제 갈 수 있냐는 질문이었다. 간혹 극도의 불안을 경험한 어르신 중에는 폭력을 행사하는 분도 본적이 있다. 그런 분들을 볼 때면 항상 마음이 아팠다. 어쩔 수 없이 요양원에 어르신을 보내며 그저 잘 적응해주기를 바라는 보호자들의 마음은 오죽하랴……

내가 실질적으로 도움을 드리고 싶어 선택한 방법은 불안 도가 높은 어르신들에게 일정하고 짜임새 있는 삶의 패턴을 만들어 드리는 일이었다.

"어르신~~ 오늘 아침에는 A 활동을 할 것이고 오후에는 B 활동을 할 예정이에요 저녁에는 C 활동을 하며 마무리할 예정이니 기대하는 마음으로 오늘을 보내볼게요."

오늘 하루에 대한 일정한 활동을 만들어 드리니 활동 안에서 목표가 형성되고 하루의 목표가 일주일의 목표, 한 달의 목표, 분기별 목표, 순서로 점점 발전되어 갔다. 당연히 목표로 한 활동을 하루하루 수행하시는 어르신께는 그 활동이 직업이 되있고 의미 있는 작업 안에서 불안감이 낮아지고 적응(adaptation)을 이루며 발전했다. 어르신에게 주어진 '하루'라는 작업을 하나씩 이루어 갈 때 발전하게 된다는 중요한 요소가 발견되는 의미 있는 일이었다.

다음은 내가 경험했던 발전에 관한 이야기이다. 나는 요양원에 첫 근무 할 당시 자신감이 매우 부족했었다. 그 이유는 주변으로부터 들었던 부정적인 말 때문이었다. "첫 입사 근무지를 요양원으로 정하면 너의 커리어에 문제가 생길 거야." 부터 시작해서 "요양원에서는 치료 스킬을 배울 수 있는 환경이 아니야."라는 말까지……. 자신감이 생길 수 있는 환경은 전혀 아니었다. 더욱이 '작업치료'라는 직종이 보편적이지 않았기 때문에 나를 작업치료사로 인식하는 분은 거의 없었다. 그 때문에 나의 작업적 존재는 와해되었다. 함께 졸업했던 동기들과는 분명히 다른 출발선상에서 작업치료를 시작했고 지식적으로 배울 수 있는 환경은 더욱 아니었다. 그러나 오히려 그러한 환경 자체가 역으로 나의 작업을 찾고 싶게 만드는 환경을 형성하게 되었고 자연스레 나의 목표에 큰 도움이 되었다.

당시 내가 생각했던 것은 부정적인 환경을 극복해서 조금 더 전문성 있는 치료사가 되겠다는 조그만 목표였는데 그 목표에 맞게 알차게 시간을 보냈다. 열심히 내게 주어진 작업 환경 안에서 시간을 보내던 어느 날 기회가 찾아왔다. 국민건강보험공단에서 주최하는 요양시설 프로그램 우수사례에 응모해보지 않겠냐는 권유를 받았다, 작업치료를 알리고 싶었고 무엇보다 어르신들의 인지 향상에 조금이나마 도움이 되고 싶다는 생각으로 열심히 인지 재활 프로그램을 만들었다. 당시 작업치료 프로그램에 대해 전문적인 교육을 받아 본 적도 없었던 나였기에 정말 맨땅에 헤딩한다는 느낌이 강했었다. 부정적인 환경일수록 극복해야겠다는 의지가 강해서였을까? 감사하게도 작업치료 인지 재활 프로그램 이름으로 응모했던 것이 우수상을 받게 되는 좋은 결과를 가져오게 되었다.

　그 당시 우수상을 받았다는 것보다 더 기억에 남는 일은 함께 수상했던 분 중 작업치료사는 유일하게 나 한 명이었다는 것이다.

　작업치료사가 이러한 일을 하는 사람이라는 것을 타 직역 앞에서 소개할 수 있었던 것은 지금의 나에게도 큰 영향을 주는 귀한 시간이 되었다. 좁은 환경에서 출발했던 상황이었지만 발전을 가져다주는 중요한 요소임이 틀림없다. 한창 정신과 작업치료사가 되고 싶다는 꿈을 품었을 때도 마찬가지였다. 현재는 '정신건강작업치료사' 라는 직종이 법적인 제도 안에서 분명하게 존재하는 직업이지만 불과 몇 년 전만 해도 법안이 통과가 이루어지지 않았기에 정신 건강영역에 취업하는 것이 결코 쉬운 일이 아니었다. 이력서를 넣는 곳마다 번번이 실패하기를 거듭했었고 지원한 이력서만 수십장이 넘었다.

　그렇게 우여곡절 끝에 지금의 직장에서 정신 건강영역에 대한 비전을 펼칠 수 있게 되었는데 그마지도 남들과는 다른 시작이었다. 나는 처음에 작업치료사 직종이 아닌 '사회복지사' 직종으로 입사하게 되었다. 입사 초반에는 정체성을 찾느라 힘들었다. 때로는 내가 수년간 시간을 들여서 전공한 작업치료를 이제는 아예 살리지 못하는 것이 아닌가? 라는 슬럼프에 빠지기도 했었다. 하지만 앞서 설명했듯이 쓸모없는 작업은 절대 존재하지 않기에 주어진 위치에서 최선을 다했다. 그리고 내 전공 작업치료를 거부감 없이 받아들일 방법을 고민하고 노력해왔다. 그러한 노력은 작업의 발전을 이루어내었는데 먼저 작년부터는 기관에서 정식적으로 '작업치료사'로 인정을 받게 되었고 정신건강복지법 법안이 개정되며 직장 내 1호 정신건강작업치료사로 근무하고 있다.

이후 기관의 감사한 배려로 정신건강작업치료사 선생님이 한 분 더 채용되며 다학제간 접근이 가능해졌다. 그뿐만 아니라 처음으로 작업치료 학부 실습생을 받게 되면서 정신 건강영역에 관심이 있는 후학들을 양성하는 데 조금이나마 이바지하고 있다.

나 혼자만의 생각일 수도 있지만 내가 무엇인가 도전하는 환경은 항상 어렵게 시작하는 것만 같다고 생각한다. 그래서 마음에 생각하기를 "다른 사람은 그렇게 쉽게 되는 일을 왜 나는 항상 어려운 길로 가는 것만 같지?" 라는 생각을 한다.

하지만 그 생각에서만 멈추지 않고 어렵게만 느껴지는 환경 안에서 계속해서 활동을 만들어 낼 때 그 활동들이 하나씩 연결이 되어 작업을 이루는 모습을 분명 보게 되었고 나에게 의미 있는 작업이 되었다. 이렇듯 의미 있는 작업은 내 삶과 클라이언트 삶에 주요한 발전을 이루는 중요한 요소라고 생각한다.

작업치료가 만들어 내다 3 : 살아있음

토끼와 거북이의 이야기는 우리가 익히 알고 있는 내용이다. 줄거리를 말해보라고 한다면 독자들은 어떻게 이야기를 할 수 있겠는가? 일반적으로는 "토끼와 거북이가 달리기 시합을 했고 승리는 거북이가 했다."라고 이야기할 수 있다. 너무 간단한 줄거리가 된다면 "토끼와 거북이가 달리기 시합을 하였고 토끼가 이길 수 있는 경기였지만 토끼가 잠을 자버리는 바람에 거북이가 승리하였다."라고 조금 더 줄거리를 길게 설명할 수 있다.

이 줄거리에서 가장 눈에 들어오는 내용은 달리기 시합에서 거북이가 승리했다는 점이다.

하지만 줄거리를 그저 승리한 것에만 중점을 두자면, 거북이의 노력이 무시될 것이고 거북이의 행동을 통해 느낄 수 있는 것들이 무시될 것이다. 더 나아가 토끼와 거북이 전체 이야기에 대한 많은 교훈은 배제되어 버린다. 나는 이 부분을 '결과 중심'이라고 말하고 싶다. 그렇다면 토끼와 거북이 이야기를 통해 얻을 수 있는 많은 교훈이 마음속에 깊게 여운이 남으려면 어떤 관점에서 이야기해야 할까? 거북이가 달리기 시합에 응했던 이유, 즉 거북이 자신도 패배할 수밖에 없다는 것을 예측했지만 도전했던 이유, 거북이는 자기만의 속도로 달렸고 끝까지 포기하지 않았다는 점, 상대를 얕잡아 보는 토끼의 자만심은 상당히 위험하다는 부분까지……. 짧은 이야기 속에 많은 교훈을 발견할 수 있다. 나는 이 부분을 '과정 중심'이라고 말하고 싶다. 작업치료사로서 우리가 조금 더 집중해야 할 부분은 바로 거북이가 했던 과정 중심의 일들이라고 생각한다. 더욱이 앞서 설명했듯 작업을 차지하는(occupy) 도전적인 관점에서 설명한다면 거북이의 모든 과정은 작업을 발견하게 되는 아주 중요한 요소라고 말할 수 있다. 거북이는 자신의 작업 존재를 나타내기 위하여 달렸고 이는 자신이 살아있음을 증명하는 것임을 기억할 필요가 있다.

  인간은 분명 작업을 찾고 작업을 원하는 존재로 살아간다. 아침에 일어나서 늘 해오던 습관에 의해 형성된 작업패턴(씻고, 밥 먹고, 옷 입기 등)을 수행하면서도 아직 일어나지 않은 시간에서 일어날 작업까지도 계획하며 생각한다. 예컨대 출근준비를 하면서 아직 일어나지 않은 미래 일을 계획하며 이야기한다. "오늘 저녁에 퇴근하고는 아내와 맛있는 음식을 만들어 먹어야겠어."라고 말이다. 그렇게 오늘의 작업이 성취되면 내일, 일주일, 한 달, 일 년 뒤의 작업까지도 하나씩 성취하고 수행해 간다. 그것을 통해 인간은 살아있음을 느낀다. 하지만 어떤 문제로 인해 이러한 작업성취 및 작업수행에 제한을 초래한다면 일 년 뒤의 작업은커녕 당장 오늘의 작업까지도 포기해 버리게 만드는 것들이 분명 존재한다. 내가 만나는 환자들은 이러한 작업의 성취와 수행 능력이 부족한 상태에 있다. 나는 이분들에게 토끼와 거북이 이야기에서 거북이가 지향했던 작업 등을 공유하며 환자들에게 작업이라는 요소가 인간을 살아있게 만든다고 전한다. 얼마 전 2022년 1분기 프로그램이 종료되고 소감문을 작성해달라는 나의 부탁에 한 환자분이 자신의 의견을 적어서 제출했다.

"나 자신을 알아가고 발전시키는 과정이 짧은 시간에 변화될 수 없지만 그래도 가능성을 보았던 시간이었던 것 같다."

"나는 늙어 가지만 미래의 희망을 품고 개선하고 보완해 나가고 싶다."

사실은 프로그램 시간에 큰 반응이 없던 분이라 큰 기대를 하지 않았지만 내심 속으로 내가 예상했던 것보다 더 깊은 생각을 하고 계셨다는 사실이 참으로 뿌듯했고 뿌듯함을 넘어 작업치료의 위대함을 알게 했다. 환자들이 작업을 통해 살아있음을 느끼게 하고 변화된 일상을 경험하게 하는 것 그것은 분명 이루어져야 하지만 바꾸는 것이 결코 쉬운 일이 아니다. 환자들의 삶을 디자인하는 치료사로서 내가 할 수 있는 건 새롭고 건강한 패턴과 신념들을 만들어 내고 그것들이 일상의 표피를 뚫고 들어가도록 돕는 것으로 생각한다. 나아가 그렇게 만들어진 것들이 환자들 기존의 일상과 조화를 이루게 하는 것이다.

제3장
치료 스토리

클럽하우스 해피투게더 정신건강작업치료사, 이영권

왜 작업치료여야 하는가?

지금까지 설명한 작업이라는 부분은 인간 삶의 영위를 설명하는데 중요한 요소임을 알 수 있다. 즉, 인간이 살아가는 데 필수 불가결하다고 말할 수 있다. 이는 작업이 치료 의미를 넘어 인간의 잠재성, 건강과 웰빙, 삶의 의미 등에 영향을 주는 요소이다. 이러한 차원에서 생각해 볼 때 작업을 치료 의미로만 제한할 수는 없다. 작업은 우리 삶 전 영역에 걸쳐 기능한다. 실제로 작업과 삶을 분리하여 설명하는 것은 불가능하다. 예컨대 작업치료사 이영권의 삶과 일반인 이영권의 삶은 분리될 수가 없다고 생각한다. 나는 정신건강영역에서 정신건강작업치료사로 근무 중이지만 퇴근하고 귀가한다고 해서 작업을 멈추지는 않는다. 여전히 한 아내의 남편, 한 아이의 아버지로서 작업을 이어간다. 이처럼 작업은 개인마다 특유하며 지금 이 순간에도 지속적이다. 설명한 바와 같이 작업의 중요성은 매우 뚜렷하지만, 실제 우리의 치료 현장에서 왜 작업치료여야 하는가? 라는 질문에 우리는 어떻게 반응하고 있는가? 더욱이 치료 현장에서 아직도 생소하다는 라는 느낌을 많이 받는 우리 직역을 어떻게 하면 조금 더 쉽게 또 거부감 없이 색깔을 나타낼 수 있을까? 우리는 그 질문에 당차게, 정말 똑 부러지게 대답할 수 있어야만 한다. 안타깝게도 나는 과거에 이 질문에 시원하게 대답하지 못했다. 내가 선택한 직업이었고 내가 꿈꿔왔던 분야였음에도 내 직업에 자신감을 느끼지 못했었다. 누군가가 "작업치료가 뭐에요?"라고 물으면 대충 "물리치료랑 비슷해요."라고 대답하고 마무리했었다. 어느 순간부터 직업에 대한 의미를 깊게 고민하게 되면서 나의 경험들이 내 직업에 대한 정의를 만들었고 누구에게나 쉽게 설명할 수 있는 작업의 특성을 하나씩 정립해가기 시작했다. 부디 지금부터 적어 내려가는 이 작업의 특성들이 실무자에게는 역할 획립을 환자들에게는 더할 나위 없는 긍정적인 부분으로 작용하기를 바란다.

첫 번째, 나는 작업의 특성을 가능성으로 설명하고 싶다. 작업을 통해 가능성을 보게 하는 것이다. 조금 더 다르게 표현한다면 색깔이 아무것도 채워져 있지 않은 동그라미가 여러 개 있는데 그 동그라미 안에 하나의 색깔이 하나씩 하나씩 채워져 가는 것으로 설명될 수 있다. 예전에 못 하는 것들이 가능해지고 여전히 못 하고 있지만 다른 것으로 대체해서 가능해지게 만드는 것이다.

두 번째, 나는 작업을 다양성으로 설명하고 싶다. 가능성과 마찬가지로 색깔이 아무것도 채워져 있지 않은 동그라미가 여러 개 있다면 이번에는 그 동그라미 안에 하나의 색깔이 아닌 다양한 색깔이 하나씩 하나씩 채워져 가는 것으로 설명될 수 있다. 이것은 예전에 못 했던 것들이 작업으로 인해 가능해지는 것을 넘어 새로운 것에 도전하는 것을 말한다. 이전에는 경험하지 못한 새로운 것에 도전하여 조금 더 성장한 삶을 살아가는 것을 말한다. 나는 내가 있는 치료 현장에서 가능성과 다양성에 따라 작업치료를 전하고 있다.

감사하게도 처음에는 작업치료를 어려워하던 동료들과 환자들도 작업치료라는 학문이 어떤 의미를 두고 있는지, 또 다학제간 접근에서 어떻게 그 기능을 발휘할 수 있을지 함께 고민하는 모습들을 볼 때 뿌듯하다. 가능성과 다양성을 나름의 작업의 정의로 정립하게 된 이유는 환자들의 삶에서 가능성과 다양성이 결여된 모습을 많이 발견했기 때문이다. 실제로 정말 적은 종류의 작업을 누리시는 분들을 많이 보고는 하는데 그들의 작업패턴은 항상 삭막하거나 발전이 없거나 즐거움이 없다. 작업영역 중 한 가지 작업영역만을 과도하게 누리거나 (예컨대 휴식과 수면(rest & sleep)을 과도하게 누려서 다른 작업을 누리지 못함) 작업의 균형이 깨진 상태로 작업을 영위하다가 결국 불규칙한 생활패턴을 보이는 분들이다.

따라서 나는 가능성과 다양성을 고려하여 환자의 작업을 디자인한다. 물론 부정적 항상성(negative homeostasis)에 고착된 이들이 하루아침에 작업이 가능해지고 다양해진다는 것은 쉽지 않은 일이다. 하지만 적어도 왜 작업치료여야 하는가? 라는 질문에 나는 더 이상 과거처럼 내 직업을 숨기지 않고 나의 작업치료의 방향을 자신 있게 전하고 있다.

나는 자신감과 더불어 환자들에게는 신뢰감을 줄 수 있다는 부분이 참으로 뿌듯하다. 나의 경험을 조금 더 짜내어 왜 작업치료여야 하는가? 라는 질문에 답을 해보고자 한다.

인간의 마음이 가장 무너져 내릴 때가 언제라고 생각하는가? 여러 가지 상황들이 인간의 마음을 무너뜨리겠지만 개인적으로는 더 이상 '희망'이 없다고 느낄 때라고 생각한다. 주변에서 아무리 긍정적인 메시지를 던져봐도 이미 희망을 잃어버린 인간에 나시 일어서는 힘을 얻기란 쉽지 않은 일이 될 것이다. 나는 요양원 작업치료사로서 근무하며 삶의 마지막 단계에서 '웰-다잉(well-dying)'을 준비하는 어르신들과 함께 생활하며 희망을 잃어버린 분들의 모습을 가장 가까이서 지켜봤다. 감사하게도 그분들에게 잃어버린 희망을 조금이나마 찾을 수 있게 하는 역할을 하게 되었다고 자신 있게 말할 수 있는데 그 요소가 바로 작업이다. 그리고 그 경험은 현재 정신 건강영역에서 근무하는 나에게 큰 도움이 되고 있다.

열정 많던 1년 차 시절 뇌졸중(stroke) 발병 후 적절한 재활을 받지 못하고 바로 요양원으로 입소한 어르신이 계셨다. 이 분과 첫 만남 이후에 치료계획을 세울 때 이분의 목표는 예전처럼 다시 '걷는 것'이었다. 하지만 다시 걸을 수 있는 기능은 한참이나 떨어졌기에 불가능한 일이라는 것은 어르신도 나도 알고 있었다. 너군나나 내게는 그분을 다시 걸을 수 있게 하는 치료사의 능력은 없었다. 그뿐만 아니라 내가 어르신의 걷기 목표를 이루고자 했던 모든 치료에 긍정적으로 생각해주는 사람은 아무도 없었다. 누군가가 나의 슈퍼바이저가 되어 교육이라도 해주면 좋겠지만 요양원 특성상 그럴 수 있는 환경은 더욱 아니었다.

마음이 복잡했지만, 그 당시 내가 할 수 있는 한 최선을 다했던 기억이 있다. 요양원 근무자였지만 재활병원 케이스 컨퍼런스에 참여해서 알아듣지도 못하는 교육을 들었던 적이 있고, 재활병원에 근무하는 주변 동기나 선배들에게 전화하여 자문하기도 했다. 열심히 노력했지만, 결과적으로 걷고 싶다는 그분의 needs를 충족해드리지는 못했다. 하지만 전적으로 누군가의 도움을 받아야만 일상생활이 가능했던 어르신이 중등도의 도움만으로도 일상생활을 할 수 있는 부분까지 가능해졌으며 보조자가 도움을 드리면 일어서기 자세가 가능해졌다. 치료사로서 너무나 뿌듯했던 순간이었다. 내가 더 뿌듯했던 것은 어르신께서 내게 전해주신 말이었는데, "이제는 못 걸어도 좋아요. 그저 작업치료 시간을 통해 내가 무엇인가 할 수 있다는 자신감이 생기니 살아갈 맛이 생기는 것 같다."라는 말이었다.

달력에 항상 작업치료 시간을 표시해 두며 내가 올 시간을 기다리는 어르신의 모습이 몇 년이 지난 지금도 눈에 선하다. 어르신이 단순히 나를 기다렸다고만 생각하지 않는다. 자신이 원하는 것을 이루지 못했음에도 작업(occupation)을 통해 어르신은 차지하는(occupy) 특성을 배우게 되었고 동시에 본인이 처한 상황에서 희망을 발견했다고 믿는다. 그리고 그것을 작업치료사로서 실현할 수 있게 되어 기쁜 경험이었다.

이런 경험을 통해 과연 인간은 작업적인 존재(human is occupational being)라는 작업치료 철학에 동의하게 된다. 내가 전하는 작업치료는 분명 희망을 발견하게 하는 파워(power)가 있고 인간이 작업적인 존재로서 기능한다는 사실을 부정할 수 없다. 내문에 실병이 환자를 절망에 빠뜨릴 수 있지만 완전히 넘어뜨릴 수 없다는 사실을 알게 한다. 질병의 회복은 병이 없어지는 것이 아니라 질병과 함께 조화롭게 살아가는 것을 만든다고 생각한다.

우리는 클라이언트가 할 수 있는 것을 도와주는 것이 아니라 할 수 없는 것을 도와주며 작업 존재를 회복하게 해야 한다. 우리는 우리들의 값진 경험을 통해 왜 작업치료이어야 하는가? 라는 질문에 당당히 답해야 한다.

목표는 무엇인가?

　　살아가면서 목표를 이뤄낸 적이 얼마나 있었는가? 우리는 종종 "해야 하는데……." 라고 생각에만 머물러 있던 것들을 첫 주의 시작, 첫 달의 시작, 첫해의 시작을 하기에 앞서 목표를 세우곤 한다. 그것이 길게는 일 년 또는 한 달 짧게는 오늘을 살아갈 방향을 정해준다. 하고 싶은 목표를 위한 전진이라면 기쁜 마음으로 임할 수 있을 것이고 억지로 해야 하는 목표 또한 과정은 힘들고 포기하고 싶을지 몰라도 그 끝에서 결과를 얻어 낸다면 그 자체로 강한 성취감을 얻을 수 있을 것이다. 이 글을 읽는 독자들은 나와 다를 수 있겠지만 나는 목표를 이뤄 낸 경험이 많이 있는 것은 아니다. 그런 연약함이 나에게 있었기에 책을 함께 작업해 보자는 제의가 있었을 때 두려운 마음이 존재했다. 하지만 결과는 성취감으로 가득할 것이라는 긍정적 생각을 가지고 지금 이 작업에 임하고 있으며 나의 경험을 어떻게 하면 잘 풀어낼 수 있을까를 고민하며 이글을 써 내려가고 있다. 시간과 노력이 그만큼 투입되어야 하는 작업이기에 과정 자체는 결코 쉽다고 할 수 없을 것 같다. 그렇지만, 모든 작업이 완료되고 나의 경험이 들어간 이 책이 완성된다면 내게는 너무나 기쁜 일이 되겠다고 생각한다.

이처럼 목표는 분명 인간에게 기대감을 허락하고 그 과정에서 다양한 감정을 느끼게 하는 요소가 된다. 치료 현장에서도 이를 대입해본다면 대상자의 목표를 설정하는 일은 매우 중요한 일 중 하나가 될 것이다.

내가 정신 건강영역에서 처음 일을 시작했을 때 목표를 설정하는 일은 매우 중요한 요소가 된다고 느꼈지만 동시에 무엇을 어떻게 어떤 방법으로 목표를 설정해야 하는가에 대한 혼란을 겪었던 때가 있다. 더욱이 같은 진단을 받아도 각자가 살아온 결이 다르고 속한 환경이 다르고 성격적인 특성이 다르기에 모두가 다른 문제를 경험하고 있는 정신건강현장의 매우 역동적인(dynamic) 요소를 고려한다면 목표 설정에 있어서 당최 감을 잡을 수 없었던 것이 사실이었다. 지금부터 써 내려가는 목표설정에 대한 방법은 시도하고 실패하고 수정하는 반복적 작업을 통해 조금이나마 가이드라인을 잡을 수 있었던 내용이고 그것을 독자들에게 공유해 보고자 한다.

목표를 설정하는 방법에 대해 공유하기에 앞서 한가지 염려되는 것이 있다. 지극히 개인적인 생각이 포함되어 있어 객관성에 있어서 질적인 면이 떨어질 수 있다는 점이다. 하지만 작업치료는 엄연한 철학이 있는 학문이다. 그리고 그 철학에는 정답이 없다, 다만 해답은 분명 존재한다. 그 때문에 나의 경험을 바탕으로 써내려가는 방법들이 결과적으로는 클라이언트와 실무자 모두에게 큰 도전적 의미를 가져다 줄 것으로 생각된다. 나는 임상 현장에서 작업치료적 목표를 확고히 하기 위해 콩나물 이야기를 항상 환자들에게 해주곤 한다.

"여러분 콩나물이 어떻게 자라게 되는지 알고 있나요? 콩나물이 처음에는 아무것도 없는 그저 콩입니다. 콩에 물을 한번 주면 콩의 변화는 전혀 없습니다. 하지만 물을 하루, 이틀, 일주일, 한 달 그렇게 계속 물을 주다 보면 아주 조그만 싹이 하나 생기게 됩니다. 그렇게 시간이 지나다 보면 언젠간 물을 주었던 주인의 밥상으로 맛있게 요리되어 올라가게 됩니다. 여러분과 함께하는 저의 치료방식도 마찬가지입니다. 오늘은 그저 물을 한번 주는 시간일 뿐입니다. 물을 주고 또 주다 보면 언젠가는 조금이나마 변화된 자기 모습을 스스로 찾게 될 거예요."

콩나물 이야기를 환자들과 공유하며 항상 실무자로서 마음에 새기는 것이 있다. 목표를 설정하고 치료 서비스에 대한 평가를 실시할 때

양적 개념의 산출(output) 부분에만 너무 집중하는 습관을 버리는 것이다. 질적 목표 개념인 성과(outcome)에도 집중할 때 실무자가 전하는 치료는 더욱 발전할 수 있다고 생각한다. 더욱이 변화를 너무나 꿈꾸고 있지만 변화의 반대편에서 저항하는 것들이 있다. 그리고 그 저항 요소들과 싸우는 환자들을 볼 때면 그 다짐은 더욱 선명해진다.

작업치료사라면 반드시 접하게 될 작업치료 실행체계, OTPF(occupational therapy practice framework)의 내용을 살펴보다 보면 그곳에서도 클라이언트의 목표 설정을 위한 방안에 대해 가이드라인을 찾을 수 있다.

지극히 개인적으로는 작업수행(performance of occupation)이라는 큰 꼭지 안에서 중재유형과 결과유형에서 설명하는 요소들을 사용한다. 특별히 나는 목표를 설정할 때 유지(maintain), 보상(compensation), 적응(adaptation)이라는 요소를 A라는 Plan으로 묶고 창조(create), 향상(improvement), 강화(enhancement)와 같은 요소를 B라는 Plan 묶는다. A Plan이 필요한 경우가 있고 B라는 Plan이 필요한 경우가 있다. 그 예시를 지금부터 설명해 보도록 하겠다.

내가 담당하는 클라이언트 중에는 양극성 장애(bipolar disorder)로 진단을 받은 분들이 있다. 이분들을 가까이서 관찰할 때 가장 안타까운 부분들이 있다면 작업 의지(volition)와 증상(symptom) 사이에서 갈등을 겪는다는 것이다. 예컨대 취업을 통해 일(work)에 대한 작업을 영위하고 싶다는 욕구를 갖고 클라이언트는 무엇인가를 시도한다. 그러나 클라이언트를 둘러싼 환경에서 많은 이들은 그 노력을 무시하거나 두려워하며 이렇게 말하곤 한다. "증상이 또 발현된 것이 아닌가?" "또 입원을 해야 하는 것인가?" 라고 말이다. 그러면서 클라이언트의 개인적인 노력을 통제한다. 클라이언트의 욕구와 주변에서의 통제 그 갈등 과정에서 클라이언트는 적지 않게 스트레스를 받게 되고 작업 박탈이라는 악순환의 반복을 지켜본다.

물론 의료모델 관점에서 봤을 때 클라이언트의 행동이 증상의 발현이라고 객관적으로 판단할 수도 있다. 눈에 띄게 빨라진 말의 속도, 부적절한 행동들······. 임상 양상에 포함된 증상이 발현될 때는 응당 그렇게 판단하고 적절한 조치가 필요하다고 생각한다. 하지만 그렇다고 클라이언트의 노력마저 꺾어버리는 것은 인간이 '작업적 존재'(작업치료 철학과 깊은 관련이 있음)라는 것을 중요시하는 작업치료사로서 허용될 수 없는 판단이라고 생각한다.

따라서 나는 이런 경우 Plan A를 기반으로 목표를 유도한다. 즉, 클라이언트가 작업(occupation)을 새롭게 확장하고 만들어 내기보다는 지금 수행하고 있는 작업(occupation)에 집중하며 적절한 균형(balance)을 제시하거나 남아있는 기능을 적절하게 활용하여 수행하도록 돕는 목표를 세우는 것이다. 이를 통해 plan A의 유지, 보상, 적응의 목표를 이룰 수 있다. 작업(occupation)은 분명 개인에게 삶에 의미를 가져오며 가치가 있는 것이기도 하지만 과도한 작업은 건강에 부적응을 주며 스트레스를 더욱 가중하는 일이 될 수 있기 때문에 현재 가진 작업에 조금 더 집중하며 유지하도록 하는 Plan A를 사용한다.

Plan B의 경우는 정신과적 문제에 대한 인식(insight)이 가능하다는 전제하에 시도할 수 있는 목표 설정이다. 과거에는 증상에 지배 당해서 클라이언트의 삶 곳곳에서 클라이언트를 괴롭히고 삶의 작업들을 파괴할 때가 있었지만 증상의 완화를 통해 그것이 증상이라는 것을 알아채고 경계하면서 극복해 나갈 수 있는 의지가 있는 경우에는 Plan B가 쓰일 수 있다. 그렇다면 증상을 이길 수 있고 극복 할수 있는 힘은 어디서 얻을 수 있을까?

지금까지는 못한다고 느껴왔던 것을 할 수 있다고 발견하고 지금까지 잘하던 것은 더욱 잘할 수 있게 될때 가능해진다. 바로 plan B를 사용하는 것이 이와 같다고 말할 수 있다. 증상을 절망적인 요소로만 받아들이는 것이 아니라 도전적 과제로 받아들이고 터득해가는 창조, 강화, 향상의 목표이다.

Plan A와 Plan B의 개념을 잘 이해하여 목표를 설정하는 것과 더불어 목표를 더욱 잘 설정할 수 있는 방법에는 클라이언트와 밀접하게 연관된 환경(environment)에 대해 목표를 잡는 부분도 중요하다.

이것을 설명하기에 앞서 환경(environment)에 대한 고려가 왜 중요한가? 이것은 구태여 내가 나의 경험을 이야기하며 부연 설명을 하지 않아도 알 수 있는 부분이다. 작업치료 학문뿐 아니라 여러 학문에서 사용하는 이론(theory)에서는 환경(environment)에 대한 중요성을 강조한다. 특히 개인의 작업은 수행(performance)을 통해서만 관찰되고 개인마다 독특한 특성을 가진다. 이러한 특성이 형성되는 중요한 기제가 환경(environment)이라고 생각한다.

환경을 중요하게 생각할 수밖에 없는 일화가 있다. 90년대 유명했던 탈옥수 신창원이라는 인물을 알고 있는가? 그가 저질렀던 범죄 자체를 옹호하는 것은 결코 아니지만, 그 인물 자체로만 놓고 평가해 볼때는 긍정적인 특성이 많았다고 한다. 굉장히 비상하고 계획적이고 민첩하고 신뢰성이 높았다고 한다. 긍정적인 특성이 있었지만, 결과적으로 그 사람이 했던 행동은 절도, 폭행, 강도질이라는 부정적 행동의 결과가 나왔다. 과연 이것이 신창원 개인에게만 문제가 있다고 말할 수 있을까? 그가 탈옥 후에 했던 고백이 세상에 알려지며 어떤 이들에게는 안타까움을 자아내기도 했다.

"지금 나를 잡으려고 군대까지 동원하며 엄청난 돈을 쓰는데 나 같은 놈이 태어나지 않는 방법이 있다. 내가 초등학교 때 선생님이 너 착한 놈이다. 하고 머리 한 번만 쓸어주었으면 여기까지 오지 않았을 것이다. 하지만 5학년 때 선생님이 '새끼야, 돈 안 가져왔는데 뭐 하러 학교와? 빨리 꺼져!' 하고 소리쳤는데 그때부터 마음속에 악마가 생겼다."

실제 신창원의 고백에서 우리가 생각해야 할 부분이 있다. 개인적인 특성이 긍정적이어도 부정적인 행동이 나올 수밖에 없는 것은 부정적인 환경의 영향을 받기 때문이라는 사실이다.

정리해 보면 첫째, 작업 존재는 환경에 영향을 준다.

둘째, 환경은 작업 존재에 영향을 준다.

셋째, 작업 행동은 환경에 영향을 준다.

넷째, 환경은 작업 행동의 영향을 주는 것으로 정리할 수 있다.

네가지의 요소는 건강한 삶을 누리는 데 큰 역할을 한다. 나는 환경과 작업의 관계 속에서 중요성을 강조하며 다음의 목표를 제시해본다.

먼저 클라이언트에게는 주도권이 없어서 환경에 일방적으로 영향을 받기만 하며 지배받는 클라이언트가 있다. 이런 경우는 대체로 환경이 부정적인 영향을 주는 경향이 크다. 부정적인 영향이 클라이언트를 끌고 가기 때문에 쉽게 분노하거나 쉽게 우울감에 빠지기도 한다. 나는 이를 '경직 1단계'라고 표현한다. 경직 1단계에 대한 목표는 환경의 지배를 벗어나 감정이나 행동을 스스로 통제할 힘을 키우고 작업 존재의 역할을 회복하는 것이다. 주로 역량강화(empowerment)와 같은 활동으로 이를 극복할 수 있다.

다음 단계는 환경이 영향을 주지만 클라이언트는 그 영향을 거부하고 자기 생각만을 우선으로 한다. 대부분 이런 경우는 환경의 영향이 긍정적이지만 작업 나의 존재가 환경보다 크기 때문에 클라이언트가 스스로 정한 규칙과 틀 안에서만 움직이고 다른 변화는 일절 거부한다. 나는 이를 '경직 2단계'로 표현한다. 경직 2단계에 대한 목표는 클라이언트의 흥미를 고려한 활동을 지속 반복하는 것을 목표로 삼는다. 특히 이 부분은 환경과 상호작용 문제뿐 아니라 개인의 성격적 특성이 고착된 부분이 있기 때문에 전문적인 상담-옹호 기술을 필요로 한다고 생각한다. 다음 단계는 경직 2단계에서 한 단계 발전된 형태로 환경과의 영향이 극도로 차단된 상태를 말한다. 심각한 고립, 무기력, 결핍 등으로 표현될 수 있으며 침묵, 심각한 사회 거부(은둔형외톨이) 등으로 나타날 수 있다.

나는 이를 '경직 3단계'로 나는 표현하고 있으며 치료사의 많은 인내가 필요하다.

경직 3단계에 대한 목표는 아주 미세한 변화에도 민감하게 반응하여 그것을 지지하고 긍정적인 경험을 만들어주는 것을 치료 목표로 한다.

각 단계에 클라이언트가 어디에 속해 있는지를 먼저 결정하고 각 단계에 맞는 목표를 수행할 때 환경에 있어서 활발한 교류가 이루어지고 그 과정에서 나쁜 것은 버리고 좋은 것을 습득하는 것을 얻을 수 있게 한다.

얼마 전 퇴근길 고요하다 못해 적막한 버스 안에서 정적을 깨고 어떤 승객이 "기사님 감사합니다." 라고 인사를 전하며 하차 하는 모습을 보았다. 버스 안에는 많은 사람이 타고 있었고 아무도 그에게 반응하지 않았지만, 용기 있는 모습으로 나름의 선행을 베푼 모습에 큰 도전을 받았던 적이 있다. 그 승객분과 이야기를 주고받은 적은 없지만 분명한 것은 주어진 환경 속에서 무엇인가 해냈다는 것에 대해 다양한 감정과 생각을 느꼈을 것이다.

나는 이것이야말로 환경과의 교류가 적절하지 못한 환자들에게 작업발전을 이룰 수 있는 주요한 과제가 되겠다고 생각했고 내가 도전받았던 나의 경험과 생각들을 재활프로그램 시간에 환자들에게 공유하였다. 그리고 한 주간 본인이 베풀 수 있는 선행을 실행해 보고 내용과 느낀 점을 공유해보자는 과제를 제공했던 적이 있다. 과정과 결과 모두 성공적이었다.

이처럼 클라이언트는 어떻게 어떤 방법으로 환경과 상호작용을 맺어야 하는지 모르기 때문에 이에 대한 구체적인 목표와 실행 방법을 제시할 수 있어야 한다. 현재 근무하고 있는 낮 병원에서도 낮 병원 출원을 거부하거나, 출석했지만, 몸이 피곤하다 또는 힘들다는 이유로 이용 시간을 모두 채우지 못하고 조기 귀가하는 클라이언트를 많이 관찰하게 된다.

대체로 그러한 클라이언트의 거부적인 반응에 대해서는 일관되게 단호한 모습을 보이며 참여를 적극적으로 권유하고 있다. 낮 병원이라는 클라이언트의 환경체계가 클라이언트의 삶을 구조화시키고 일정한 생활패턴을 만들 수 있기 때문이다.

가끔은 귀가시켜주지 않는 나를 원망의 눈빛으로 보는 환자들도 있다. 이것을 병원에 대한 수익 목적에서 무조건적인 이용을 권유했다거나 클라이언트의 삶을 너무 통제하는 것은 아닌가? 라는 생각을 가진다면 그것은 큰 오해이다.

오히려 이러한 지지적 환경체계가 없다면 클라이언트의 작업은 무너져 내릴 것으로 생각한다. 그리고 클라이언트의 삶을 디자인하는 치료사로서 일정하고 규칙적인 작업 활동을 만들어주는 것이 결과적으로는 작업패턴을 만들고 환경과 상호작용을 맺는 중요한 요소가 된다고 믿는다. 우리는 클라이언트의 동태적 삶을 적극적으로 지지하는 치료사가 되어야만 한다, 앞서 이야기한 경직 단계들이 지속해서 클라이언트를 부정적인 환경으로 몰고 가는 상황이기 때문에 디욱 그러하다. '동태적' 이라는 말이 무슨 말인가? 그저 '변한다'라는 의미보다는 급변하는 사회, 문화, 물리적 환경에 있어서 유연성을 갖고 적응하고 움직이는 것을 의미한다. 물론 지금 당장에 클라이언트가 변한다라는 것은 욕심일 수 있다.

치료사로서 그러한 조급함보다는 부정적인 증상은 존재하지만 아주 미세하게라도 "움직임이 있다."라는 것에 집중해야 한다. 예전에도 못 했고 여전히 지금도 못하고 있지만 "한번 시도라도 해볼까?"라는 클라이언트의 생각이 작동했다면 환경적 목표 달성이 성공적으로 이루어졌다고 생각한다. 왜냐하면 그것은 클라이언트의 작업이 확장된 것이기 때문이다.

어디를 치료할 것인가?

　과거에 어느 직역에서는 작업치료사가 정신건강 영역에서 근무하는 것을 반대하기 위해 서명 운동까지 진행했다는 이야기를 들었던 적이 있다. 들었던 이야기를 통해 많은 생각을 해보게 된다. 먼저는 안타까운 이야기라고 느껴지는 이유가 있다. 소위 말하는 '내 밥그릇 싸움'의 의미 때문인 것도 있지만 그동안 많은 선구자에 의해 정신건강 영역에서 작업치료에 대한 정당성이 확보되었다고 생각했지만, 아직도 큰 노력이 필요하다는 점을 인식했기 때문이다. 또 다른 생각은 나 또한 시간이 한참 흐른 뒤 작업치료를 계속해서 이어갈 어떤 이들에게는 좋은 영향력을 끼친 선구자가 될 수 있을까? 라는 생각을 해보게 된다. 그렇게 되면 내가 어디를 치료할 것인가? 를 고민했던 것처럼 누군가도 나와 같은 고민을 하고 있을 때 조금이나마 도움이 될 수 있지 않을까? 하고 생각해본다. 이런저런 생각이 꼬리에 꼬리를 물고 그 생각을 아주 조금이나마 실현하기 위해 오늘 이 책을 적어내고 있다. 이번 파트에서는 어디를 치료할 것인가? 에 대한 질문에 내 개인적 의견을 적어 보려 한다.

  정신건강 영역에서는 여러 직군이 존재한다. 정신건강작업치료사가 자주 만나게 되는 직역은 정신건강간호사, 정신건강사회복지사, 정신건강임상심리사 등이 있다. 각 직역은 협업의 관계 안에서 클라이언트의 문제에 대해 개입하지만 분명 저마다 다른 관점, 철학 등을 갖고 클라이언트에게 접근한다. 중요한 것은 그러한 관점과 철학 등이 좋은 시너지 효과를 내서 결과적으로는 클라이언트에게 좋은 영향을 주는 것이 되어야 한다. 이 때문에

  각 직역이 나타내는 고유의 역할을 분명하게 확립할 필요가 있다고 생각한다. 이것이 어디를 치료할 것인가? 를 작성하게 된 주된 이유이다.

  최근에 '어디를 치료할 것인가?'를 명확히 해야 할 필요성을 느낀 일이 있었다.

  내가 근무하고 있는 낮 병원은 부설기관에 속해 있어서 본원과 떨어

진 빌딩에 있다. 빌딩 안에는 하루에도 많은 사람이 방문한다. 하루는 빌딩 안에 한 어르신이 엘리베이터를 기다리고 계시는 것을 보았다. 한눈에 봐도 몸이 아주 불편하신 어르신이 불안정하게 서 있는 모습을 보았다. 그런데 그 어르신에게로 낮 병원 환자분이 다가가는 모습을 보았다. 환자분은 현재 양성증상(positive symptom)이 심해지셔서 여러 가지 문제행동을 보이는 분이었다. 어르신에게로 다가서서는 대뜸 본인이 가진 천원 지폐 한 장을 건네며 무언가를 말하고 있었다. 가까이 가서 들어보니 그 천원으로 음료수를 사드시라는 내용이었다.

어르신은 일면식도 없는 사람이 갑자기 찾아와 천 원을 건네는 모습에 당황하셨겠지만, 우리병원이 정신의료기관이라는 점, 클라이언트의 행색이나 표정 등을 본다면 거부감이 드는 것은 당연한 이야기일 것이다. 어르신은 놀라셨는지 뒷걸음치며 자리를 피하는 모습이 보였다. 나는 처음 그 상황을 마주하며 그저 '문제행동'이라고만 생각했다. 그리고 바로 상황을 제지하고 흰지와 면담을 진행하였다. "왜 모르는 사람에게 천 원을 주는 건가요.?" 내가 물어본 의도는 또 증상에 반응한 것이겠지, 하고 생각하며 그런 문제행동을 자제할 수 있도록 안내하기 위함 이였다. 하지만 클라이언트는 전혀 다른 대답을 해주었다.

"할머니가 불쌍해 보여서요."

클라이언트의 말을 듣고 순간 내가 실수했음을 느꼈다.

어쩌면 클라이언트는 인간적인 마음에서 당연히 생길 수 있는 측은한 감정이 생길 수도 있었고 그에 대한 행동이 표출된 것뿐인데 내가 그것을 통제하고 무시한 것은 아닐까 생각에 아차 싶었다. 조금 더 깊이 생각해 본다면 클라이언트가 타인을 향해 느낀 측은한 감정은 긍정적인 감정이었다. 다만 그 감정에 대한 행동 표출이 부적절했음을 느끼게 되었다.

그 감정에 대한 올바른 표현 나아가 생겨난 감정이 타인에게 잘 전달되고 긍정적인 상호작용이 일어나게 하기 위한 조건들 예컨대 표정, 옷차림, 말투 등이 잘 작용했다면 어땠을까 하는 아쉬움이 남았다. 이러한 경험을 통해 느끼는 것은 클라이언트 문제행동에 초점을 맞추는 것도 중요하겠지만 문제행동을 기능적인 행동으로 즉, 기능적인 작업수행을 가능하게 하기 위한 방법 제시를 위해 어디를 치료할 것인가? 에 대한 명확한 확립이 필요하다는 것이다.

나는 클라이언트를 관찰하고 개입할 때 항상 좋지 못한 습관이 있다. 문제가 발현하게 되면 제일 먼저 병명을 확인하고 그에 따른 증상(symptom)을 확인하는 일이다.

물론 클라이언트를 객관적으로 관찰하기 위해서는 좋은 자세이다. 하지만 나는 항상 그 관찰에서 일을 멈추었기 때문에 더 중요한 요소를 빠뜨리고 있었다. 그것은 바로 클라이언트를 작업수행

(performance of occupation) 관점으로 관찰하지 않았다는 점이다. 병명을 확인하여 관찰되는 증상을 확인했다면 그것이 클라이언트의 작업수행과 연결되어 어떤 제한점과 어떤 부정적 결과를 초래하는지 확인했어야 했다. 예컨대 역기능적 작업수행이라 하는 것은 정신과적 증상이 클라이언트에게 영향을 주면 클라이언트는 작업영역(occupation area)에 있어서 제한점이 생긴다. 결국 결핍, 무기력 등의 결과를 초래하고 작업이 소실된다. 이것이 역기능적 작업수행이라 할 수 있다. 역기능적 작업수행의 반대 개념인 기능적 작업수행이란 잃어버렸던 작업의 영역들을 회복하고 이에 따라 안정감, 삶의 동기, 에너지 등을 얻는 것 그것은 기능적 작업수행이 되었다고 할 수 있겠다. 내가 했던 실수는 바로 클라이언트의 진단이 작업수행에 있어서 어떤 제한점을 초래하는지 확인하지 못했다는 점이다. 그래서 어디를 치료할 것인가에 대한 질문에 답은 클라이언트의 작업수행에 개입한다고 답하고 싶다.

아직은 부족하지만 내가 이점을 실수로 인지하고 있는 지금에 감사하다. 하지만 실수로 인지하지 못하고 계속해서 증상에만 초점을 맞추었다면 어떤 문제가 생겼을까? 첫째로는 타 직역과 구분되는 역할 확립을 하지 못할 것으로 생각한다. 둘째는 가시적인 문제에만 초점을 맞추다 보니 가시적인 문제를 관찰하기 어려울 때 어디를 치료해야 할지 판단이 안 된다는 점이다. 이점에 대해서는 아주 중요한 경험이 있다.

　나의 담당 클라이언트 중에는 신체기능과 인지기능이 타 클라이언트분들 더 뛰어난 분이 계신다. 이분은 장점이 분명히 존재하기 때문에 낮 병원 안에서도 본인의 맡은 역할을 성실히 수행해내고 있고 타 회원들의 어려운 점을 돕거나 담당 선생님들을 도와 솔선수범하는 모습을 보이곤 하신다. 한마디로 전문가가 아닌 경우 또는 클라이언트를 잘 모르고 있는 사람이라면 문제점을 찾고 개입하기 다소 어려운 케이스 속하는 클라이언트이다.

　작업치료 학부 실습생이 실습을 진행하며 이 클라이언트와 면담을 진행한 적이 있는데 면담이 종료되고 난 후 실습생이 나에게 질문을 했던 적이 있다.

　"면담을 진행한 클라이언트의 병명은 무엇인가요.?"

　"대화도 잘 나누시고……. 나름대로 목표도 있으시고……. 낮 병원에 나오실 분은 전혀 아닌 것 같아서요." 라는 질문이었다.

　실습생도 나와 같이 진단에 의해 나타나는 증상에만 초점을 맞추려 하는 모습을 보게 되었고 내가 했던 실수를 기억하며 작업수행 관점에서 클라이언트를 관찰할 수 있도록 피드백해주었던 경험이 있다. 작업치료사로서 작업수행의 관점에서 개입한다는 것은 어떻게 치료할 것인지에 대한 정립과 동시에 작업치료사의 정체성을 확립하는 일이라고 생각한다.

우리가 작업수행 관점에서 환자를 치료할 때 긍정적인 변화는 분명 관찰할 수 있다. 이는 클라이언트의 삶의 질(quality of life) 개선으로 이어진다. 임상에 있으면서 클라이언트 변화라는 것에 있어서 두 가지 양상이 존재한다는 것을 관찰했다.

첫 번째 양상은 '변화의 양이 너무나 적다' 라는 점이다. 이런 경우는 '지속 반복훈련'을 필요로 한다. 그 때문에 당연히 시간이 오래 걸린다는 부분에서 치료사, 클라이언트, 보호자까지 많은 인내가 필요하다. 하지만 장점은 분명 존재한다는 인내의 과정에서 크고 작은 실패를 경험하며 성공으로 굳어진 변화이기 때문에 '변화의 지속성'은 오래갈 수 있다는 것이다. 두 번째 양상은 '변화의 양이 너무 많다'라는 점이다. 전자와는 다르게 '지속 반복' 훈련이 필요하지 않기 때문에 시간이 적게 걸릴 수 있다. 다만 변화의 지속성은 길다고 장담할 수가 없다. 내가 만나는 클라이언트분들은 만성화(chronic)가 되신 분들이 많기 때문에 개인적으로 나는 첫 번째 양상을 더 확신하고 집중하고 있다. 증상에 있어서 만성의 특성은 부정적인 것이 있다면 이미 고착되었기 때문에 쉽게 고쳐지지 않는 특성이 있다.

또한 국소로 존재하지 않고 넓은 부분에 걸쳐 문제가 존재하기 때문에 더욱 그러하다. 따라서 치료사인 내가 어설프게 두 번째 양상을 기대한다면 내가 전하는 치료에 대해 스스로 의구심을 갖게 만들고 쉽게 소진(burn out)이 올 수 있다는 점을 주의하고 있다.

고진감래(')라는 말이 있지 않은가? 나는 오늘도 '고생'을 이어가는 클라이언트와 함께 그 고생에 참여하여서 하고 있고 그 끝에서 좋은 변화를 기대하며 노력하고 있다.

어떻게 치료할 것인가?

　이번 파트에서는 실질적 개입 기술에 대해 적어보려 한다. 특별히 실무자가 정신건강 영역에서 클라이언트와 직접 만나고 서비스를 제공할 수 있는 정신 재활 프로그램을 위주로 설명하고자 한다. 먼저 정신 재활 프로그램은 중재, 치료, 치유의 요소를 구조화한 집합체로서 프로그램에 참여하는 집단이 스트레스 상황에 대처하고 증상을 완화할 수 있도록 돕고 자기 병을 인식(insight)하여 삶의 질 향상을 돕는 중요한 요소라고 말할 수 있겠다. 정신 재활 프로그램의 중요성이 존재하지만, 실제 실무자들은 프로그램 진행에 어려움을 겪고 있다. 이러한 문제점들이 결과적으로 실무자들이 "오늘 프로그램 뭐하지?" "환자들 반응이 너무 안 좋아." "이 프로그램이 과연 효과가 있기나 한 것일까?"하는 고민을 낳게 된다고 생각한다. 문제 극복을 위해 몇 가지 방안을 제시하고자 한다.

첫 번째는 일반화의 결여이다. 일반화의 결여는 프로그램 안에서 습득한 기술을 클라이언트가 실제 생활환경 안에서도 활용할 수 있어야 하지만 이것이 되지 않는 경우를 말한다. 예컨대 목표를 세웠지만 얼마 가지 못해 목표를 포기하거나 습득한 기술을 실제 상황에서 적용하지 못하는 경우다. 프로그램 시간에 활동지에는 열심히 분노를 조절하기 위한 방법에 대해 스스로 적어 보지만 실제 분노 발생 상황에 노출되면 본인이 적었던 내용을 잊어버리고 다시 문제가 반복되는 경우를 보고는 한다. 이러한 경우는 환자 개인에게도 문제가 되겠지만 실무자인 나에게도 프로그램 존재 가치에 대한 회의감이 올 때가 있다. 나는 이러한 일반화 결여라는 문제점을 극복하기 위한 대안으로 클라이언트가 본인이 생활하고 있는 삶 속에서 프로그램 때 배운 기술을 생각나게 할 수밖에 없는 환경을 만들어야 한다고 생각한다.

그러기 위해서는 프로그램 때 교육하는 내용 자체가 더 임팩트 있는 느낌을 많이 줘야 한다고 생각한다. 앞서 왜 작업치료여야 하는가? 라는 질문에 작업치료사로서의 삶과 이영권의 삶을 분리하지 않는다는 라는 것을 언급하였는데 일반화 결여라는 문제점을 극복하기 위해서도 이 방법을 사용한다. 이렇게 분리하지 않다 보면 삶 속에서 시간 시간마다 일어나는 많은 사건에 굉장히 예민하게 반응하게 된다. 그래서 무슨 일을 하다가도 "이 부분을 프로그램 때 활동지로 만들면 괜찮겠는데?" 하고 생각하거나 인스타그램, 페이스북 같은 SNS 활동하다가도 의미 없이 게시물을 보기보다는 프로그램을 구성할 때 쓰기 좋은 게시물을 contact 하기 위해 활용하기도 한다. 따라서 작업치료사의 직종을 어떤 돈벌이 수단 그 이상의 의미를 부여하고 예민하게 반응하면 그 속에서 좋은 프로그램의 요소가 나오게 되고 그것이 일반화의 결여라는 문제점을 극복할 수 있게 한다고 말할 수 있다.

일반화를 높일 수 있는 또 한 가지 방법은 치료 현장에서 이루어졌던 내용이 치료 현장을 벗어난 공간에서도 지속될 수 있도록 프로그램을 구조화하는 방법이다. 나 같은 경우는 프로그램에 참여하는 클라이언트들을 대상으로 '오픈 카톡방'을 만들어 진행하고 있다. 목적은 프로그램을 통해 수정하고자 하는 문제 영역에 대해 긍정적으로 적용하고 있는지 실천 인증샷을 올리는 것이 목적이다. 이 방법은 참여자들의 동기를 고취 시킬 수 있고 문제를 인식하는 것에서만 멈추지 않고 변화라는 부분이 가시적으로 나타나도록 지속 반복적으로 클라이언트를 독려할 수 있다. 어느 클라이언트는 '오픈카톡방'을 프로그램 때 운영하니까 계획한 부분을 실천할 수 있는 환경이 만들어져서 좋다고 말씀해주셨다. 이처럼 프로그램의 존재 가치를 높일 수 있다는 장점이 분명 존재한다.

두 번째는 치료의 전문성을 높이는 방안이다. 이는 치료의 질을 높일 방법이라 말할 수 있다. 이를 위해서는 여러 가지 방법이 있겠지만 개인적으로는 많은 이론(theory)을 사용해야 한다고 추천하고 싶다. 학부 시절 열심히 배우고 들었던 정신건강 영역의 이론을 우리는 익히 알고 있다. 프로이트, 칼 로저스, 아론 백, 에릭슨 여러 학자가 말하는 이론의 내용을 개입 기술로 사용하게 되면 클라이언트를 위한 치료가 경험적 직관에만 의존하게 되는 것이 아니라 과학적 이해와 분석의 토대 위에서 이루어지게 될 수 있다. 문제에 대해 어떤 해결 방법을 어떻게 사용할 것인지 누구와 진행할 것인지 일정한 규칙은 무엇이 있는지 등을 파악하는 것이 중요하다. 이렇게 이론을 길잡이 역할로 사용하면 증상에 대한 대처방법과 조절의 방법들을 구조화할 수 있고 작업치료 고유의 색깔을 나타내며 논박이 가능해진다. 그리고 당연히 클라이언트에게는 신뢰성과 전문성을 나타낼 수 있는 강점들이 생기게 된다.

앞서 내가 제공한 인지 재활 프로그램이 국민건강보험공단에서 우수상에 뽑혀 작업치료를 알릴 기회가 되었다고 언급하였는데 그 경험에 대한 비하인드 스토리가 있다.

인지 재활 프로그램이 만들어질 때 타 직역에서 부정적인 말들을 들었던 적이 있는데 내가 만든 인지 재활 프로그램에 대해 효과성을 의심하는 듯한 발언이었다. 프로그램 설계과정에 있어서 어느 정도의 조언은 협업의 입장에서 이해할 수 있지만 인지재활 영역을 전문적으로 배우는 작업치료 직역에 부정적인 훈수를 두는 것이 나의 입장에서는 굉장히 불편했던 경험이 있었다. 그러한 부분들에 대하여 객관적이고도 전문적인 반박을 하고 싶어서 당시 참고문헌으로 사용되던 논문이라든지 작업치료 이론들의 자료를 모아서 설계과정이 근거를 기반으로 만들어지고 있다는 것을 보여드렸던 경험이 있다. 임상 현장에서 타 직역과 갈등을 일으키고 싶은 마음은 결코 없다. 협업을 넘어 다학제간 접근은 분명 필요하다. 하지만 작업치료 영역을 비하하는 내용 또는 의심하는 부분 있어서는 분명 논박해야만 하고 이럴 때 우리는 우리의 전문성을 나타내야 한다고 생각한다. 그러기 위해서는 이론의 사용을 분명히 해야 한다고 말하고 싶다. 전문성 확보를 위한 이론의 사용은 우리의 전문 역량이 되어야 한다.

세 번째는 치료의 예술성을 높이는 일이다. 이론 시용을 통해 객관성이 짙은 전문성만을 강조하다 보면 환자와의 공감대를 이루지 못하고 이는 치료에 큰 영향을 줄 수밖에 없다.

따라서 다음으로 고려되어야 할 사항은 바로 예술성이다. 예술성은 치료사와 클라이언트와의 관계를 더욱 잘 설명할 수 있는 내용이다. 치료 현장에서 예술성을 어떻게 실천할 수 있을까? OTPF 작업치료 중재 유형에서 언급하는 치료사 자신의 치료적 사용(Therapeutic use of self)이 그 예가 될 수 있겠다. 이것은 치료자의 성격 통찰력 지각 판단력을 계획적으로 사용하는 것이다. 이에 대한 주요한 경험이 있다. 나 같은 경우는 요양시설에서 근무할 때 남자 어르신과 함께 목욕했던 일이 있다.

  목욕 활동은 요양시설에서 굉장히 중요한 활동 중 하나이지만 남자 어르신의 경우 여자 요양보호사 선생님들이 많은 요양시설에서는 수치심 때문에 목욕이 제일 고통스러운 시간이다. 그러한 수치심을 덜어드리고자 나는 내가 먼저 옷을 탈의하고 어르신에게 다가가 "목욕 같이 할까요? 때 밀어 드릴게요."라고 말씀드리면 나를 손자처럼 여기시곤 목욕 활동에 참여하시곤 했다. 나는 바로 이러한 부분들이 클라이언트의 작업(occupation)을 가능하게 하기 위해서 치료사 자신이 치료적으로 사용된다는 의미가 아닐까 생각해보게 되었다. 이것이 치료의 예술성을 높이는 방법이라 말할 수 있다.

클라이언트 변화에 대한 고찰

나는 임상 6년 차 작업치료사이다. 그중 정신건강 작업치료사로서 2년 반이라는 시간이 흐르고 있다. 하지만 체감으로 느끼는 시간은 2년 반이라는 시간보다 훨씬 많다고 느껴진다. 그 이유는 왜일까? 하고 생각해보았다. 먼저는 그동안 작업치료사의 역할을 확립하고 작업치료를 알리기 위해 부단히 노력했기 때문이라고 생각한다. 그리고 또 다른 이유가 있다면 환자들과 함께 변화를 위해 고군분투(孤軍奮鬪)했던 시간이 축적되었기 때문이라고 생각한다. 작업치료 에세이 글을 마무리하면서 변화를 위해 싸웠던 여정이 환자들과 나에게 어떤 의미를 주었고 한층 더 성장한 변화를 이루었는지 기록하고 마무리하고자 한다.

변화에 대해서 깊이 고찰하지 않았을 때는 내가 하는 작업치료가 나의 만족으로만 끝맺음되는 것이 대부분 이였다. 열심히 배우고 익혔던 작업 치료적 지식을 환자들에게 적용하면 내가 아주 잘하고 있는 것처럼 만족할 때가 있었다. 하지만 정작 치료 현장 밖에서 그들의 모습은 항상 제자리였다. 여전히 증상에 지배되어 작업 존재로 기능하지 못하고 이에 따라 파생되는 여러 가지 갈등 상황들을 마주하며 회의감이 밀려왔다.

그리고 변화에 대해 깊이 고찰할 수 있는 시간을 가지며 나의 과거를 회상해보게 되었다. 부끄러운 이야기가 될 수도 있겠지만 학창 시절 방황의 끝을 달렸던 시기가 있었다. 경찰서를 들락거리며 경찰관 분들에게 '구제불능'이라는 말까지 들어봤다. 흔히들 말하는 비행 청소년의 대표적인 사례가 바로 나였다. 물론 지금은 한 사람의 남편으로 한 아이의 아빠로, 환자들에게는 한없이 따듯한(?) 치료사로 역할을 감당하고 있다. 가끔은 이렇게 변화된 나의 삶이 낯설기도 하다. 꿈도 비전도 없이 살았고 변화되지 않았던 그 시절로 다시 돌아가라고 한다면 너무도 싫겠지만 그 시절이 지금의 나에게 중요한 요소로 자리매김하는 이유가 있다.

각자 저마다의 사연으로 아파하고 눈물 흘리는 환자의 마음을 공감할 수 있기 때문이다. 그래서 나는 나의 변화 경험과 생각을 나의 치료 현장에서 쓰이도록 노력하고 있다. 앞서 언급했던 것처럼 내가 먼저 변화를 경험해 봤기에 나는 변화가 어떤 것인지 잘 알고 있다. 이론적으로는 작업 참여(occupational engagement)라고 말할 수 있는데 도전하고 쟁취하게 되는 모든 것들을 변화라고 말할 수 있겠다. 조금 더 구체적으로 이 부분을 설명하고자 한다.

클라이언트의 작업참여란 첫째, 작업(활동)의 시작이 가능해지는 것이다. 이는 클라이언트 스스로 할 수 있다 라는 생각의 발견이 가능해진다. 발견의 내용으로는 과거에는 할 수 있었지만 현재는 할 수 없다고 판단되었던 것을 포함하여 과거에도 현재도 할 수 없다고 판단하고 있는 작업의 발견이다.

둘째, 작업(활동)의 유지 가능해지는 것이다. 작업을 잃어버린 클라이언트의 만성적인 특성은 시작은 어떻게든 가능해져도 그것이 장기적이지 않다는 점이다. 그 때문에 적절한 작업 참여는 작업(활동)의 유지가 이루어질 수 있다.

셋째, 작업(활동)을 가능하게 하는 힘이 높아진다. 우리가 아침에 일어나서 씻고 밥을 먹는 등의 아주 작은 일부터 외부로 나가서 생활하는 크고 넓은 일에는 정교하고도 복잡한 기술(skills)을 필요로 한다. 이는 작업 경험 참여를 통해 이뤄낼 수 있는 주요 성과이다. 그 밖에도 효과적인 작업 참여를 통해 불완전작업(활동) 즉, 확립되지 않은 작업(활동)에 큰 도움이 될 수 있으며 부정적 작업(활동)과 같이 일상에 방해가 되며 불균형을 초래하는 모든 것들에 큰 도움이 될 수 있다. 실제로 나는 정신건강 현장에서 지금까지 설명한 작업 참여의 장점을 조금이나마 맛보았다. 그렇다고 환자와 나의 고군분투가 끝난 것은 아니다. 고군분투의 노력은 여전히 진행 중이다. 이 노력을 토대로 환자들에게 자주 하는 말이 있다. "하루라도 빨리 낮 병원에서 보지 맙시다."

부연 설명을 하자면 박탈되었거나 잃어버렸던 본인들의 작업을 다시 찾고 회복해서 일상으로 돌아가기를 희망하는 마음에서 그렇게 이야기하곤 한다.

얼마전 변화를 위해 함께 싸우고 있는 환자분이 나에게 찾아와 했던 말중에 기억에 남는 말이 있다. "선생님 제가 요즘 소원이 하나 있다면 꼭 취업 성공해서 선생님 밥한끼 사드리는 거에요." 내색은 하지 않았지만 그 말이 그렇게 뿌듯할 수가 없다. 꼭 그분의 취업성공을 보고 싶다. 정말로 밥한끼 얻어먹는 날이 온다면 작업치료사로 살아가는 앞으로의 많은 시간 속에서 두고두고 자랑할만한 일이 될 것 같다.

글을 마무리하며

에세이 작성이라는 과제 권유를 받고 몇 달간 노트북 앞에 앉아 나의 경험을 전달하기 위해 애를 썼다. 주로 임상에 근무하면서 경험해 온 이야기 위주로 작성하다 보니, 그동안 겪어 왔던 많은 경험들이 긍정적이든지 혹은 부정적이든지 작업치료사로 살아가는 나에게 얼마나 소중한 것인가 다시 한번 깨닫게 되었고 그 경험들은 경험에서 멈추지 않고 나의 작업 존재에 큰 영향을 주었다고 자신 있게 말할 수 있다. 나아가 내가 있는 임상현장에서 만나는 클라이언트와 그들의 보호자분들, 그리고 함께 일하는 동료들에게 나의 역할에 대해 자신 있게 설명할 수 있는 계기를 만들어 주었다. 그러나 아직도 한참 멀었다는 생각을 해보게 된다.

작년 꽤 오랜 시간 동안 나와 라포를 쌓아오며 회복을 위해 노력하고 있던 클라이언트가 있다. 하지만 증상이 심하게 발현하기도 했고, 여러 가지 이유로 지금은 다시 병동에 입원해 계시는 상태이다. 재입원을 하는 분을 보면서 느끼는 바가 있다. 분명 내가 클라이언트를 위해 제공하는 모든 중재들은 긍정적인 시너를 내고 있다고 확신한다. 하지만 그 중재가 모든 클라이언트 분들에게 긍정적으로 작용하는 것은 아니라고 생각한다. 증상이 다시 발현되거나 내가 미쳐 몰랐던 다른 문제가 생기게 되는 것을 본다면 내가 노력했던 중재는 완벽하다고 할 수는 없다. 그래서 나는 항상 이렇게 생각한다.

"모든 치료는 항상 부재 상태에 있다."

즉, 공백은 존재할 수밖에 없다는 말이다. 하지만 나는 실망하지 않는다. 오히려 또 다른 문제가 발현된 부분에 있어서 공부 할 수 있는 기회가 주어져 오히려 감사하다. 역설적인 이야기겠지만 완벽한 치료가 오히려 발전을 저해시키는 요소라고 생각한다.

앞으로 정신건강 현장에서는 더 많은 증상과 그에 따른 다양하고도 복잡한 문제가 발생할 것이다. 그때마다 그 문제에 맞게 치료는 거듭 변화 되어야하고 발전되어야만 한다.

험난하지만 행복한 여정 속에 이 글을 읽는 모든 독자들과 함께 협력하며 가고 싶다.

제4장
중독의 굴레를 벗어나

한국마약운동퇴치본부 정신건강작업치료사, 황현승

들어가며

 이 장의 주된 내용은 '알코올'이다. 그 이유는 기관의 뿌리가 '요한 알코올 상담센터'이기 때문이다. 등록된 대상자 중 가장 높은 비율을 차지하는 유형도 '알코올 사용 장애'이고 나의 경험과 지식도 주로 '알코올'에 관한 내용이다.

 대한민국 사람이라면 누구나 그렇듯 연필 쥐는 연습을 하는 순간부터 생존을 위한 경쟁사회에 진입한다. 높은 성적, 좋은 학벌, 안정적인 직업, 부모의 재산 등을 비교한다. 최근 들어 수저라는 보이지 않는 신분이 만들어져 경쟁을 더 과열되게 했다. 하지만 이렇게 치열한 경쟁

사회에서 발생하는 스트레스라는 에너지를 해소할 수 있는 문화 자원은 턱없이 부족하다. 이런 환경에서 우리는 스트레스를 해소하기 위해 술잔을 비우거나 인터넷 게임, SNS를 한다. 하지만 이런 행위를 한다고 해서 스트레스의 원인이 해결되지 않는다. 이런 경쟁사회와 문화의 부재는 결국 중독의 악순환을 만든다.

내가 이런 글을 조심스럽게 써 내려간 이유는 경쟁사회와 스트레스, 문화 결핍은 중독자 한정의 이야기가 아니며 중독자가 될 수도 있는 우리의 이야기이다. 내가 실제로 만난 중독자들도 글을 쓰고 있는 나와 이 글을 읽고 있는 독자들처럼 평범했었다.

사람들은 알코올중독을 병보다는 '못된 버릇'으로 생각하는 경우가 대부분이다.

성인이 된 이후 첫 과제는 음주라 해도 과언이 아니다. 그만큼 음주문화는 우리의 삶에 이미 친근하고 익숙하게 자리 잡고 있다. 축하, 위로, 행사 등 사람을 만나거나 다수가 모이는 자리에서 빠지지 않고 등장하는 것이 바로 '술'이다.

술은 24시간 쉽고 저렴하게 구할 수 있다. 이런 문화와 환경은 알코올을 친근하고 익숙하게 만들어 알코올 중독을 만드는 요인이며 경각심을 잃게 한다. 마음씨 좋은 사람들은 술자리에서 피해가 발생하더라도 술버릇이 고약하다며 웃어넘기기도 한다. 이처럼 유독 음주로 생기는 문제는 실수라 생각하고 관대하게 받아들인다.

현대사회에서 '기분도 별로인데 술 한 잔하자.', '다음에 꼭 한 잔하자.', '다음에 술 한잔 살게.'라는 표현은 감정과 의미가 충분히 전달된다. 이처럼 우리 문화에서 술이라는 매개체가 소통의 영역에서 차지하고 있는 비중은 생각보다 크다. 비판적으로 바라보면 소통할 때 술에 너무 의존하고 있지 않은지 스스로 살펴볼 필요가 있다. 내가 쓴 이 문장에 나를 비춰 본다면 부끄럽기 그지없다.

내가 작업치료사로서 중독이라는 미지의 영역에 용감한 도전을 함에 있어 거창한 이유 따위는 없었다. 나는 단순하게 '중독'이라는 단어가 뿜는 매력에 홀리듯 이끌려 중독에 대해 냉정하게 생각해봤다. 하지만 나의 얕은 지식으로는 명쾌한 해답은 얻을 수 없었고 일차원적으로 중독행위도 작업의 한 형태라는 일차원적인 생각을 해냈다.

작업치료사로서 중독행위를 본다면 행위 자체도 하나의 작업 과정이다. 하지만 이러한 파괴적인 작업은 누군가에게는 삶의 목적이자 이유다. 자기 파괴적인 작업을 강박적으로 반복하는 질환을 작업치료사의 관점으로 현장에서 관찰하며 치료하고 싶었다.

과거의 나는 대상자가 어떠한 작업을 제대로 수행하는지 평가하고 치료했지만, 중독 영역에서 작업치료사는 부정적인 작업을 소거하기 위한 치료를 해야 했다.

누군가의 삶의 목적이 되는 활동을 하지 못 하게 하는 일은 쉬운 일이 아니었다. 나에게 빗대어 본다면 커피와 음악, 영화와 책이다. 아마 나는 이것들 없이는 일주일도 살 수 없을 것이다.

중독에 대한 기본적인 이해가 선행된다면 지루한 마지막 장을 읽는 독자들에게 조금이라도 흥미를 줄 수 있겠다는 생각이 들어 중독의 특성을 간단하게 소개하고 나의 경험과 사례를 이야기하고자 한다.

중독에 대한 오해와 진실

중독이란?

중독의 심각성

공중보건학적인 문제로 4대 중독(알코올, 마약, 도박, 인터넷)으로 인한 사회경제적 비용은 100조를 넘어섰고 이마저도 매년 증가하고 있는 현실에 우리 사회의 중독문제의 심각성을 알 수 있다. 하지만 중독질환의 종류와 규모는 다양한 형태로 계속 증가하고 있다.

중독의 이해

　과음으로 인한 문제들이 반복적으로 발생한다면 이것을 질환의 영역으로 구분 지을지 혹은 개인의 음주 습관이나 도덕적 결함의 문제인지를 구분하기는 어렵다. 예를 들어 어떠한 사람이 매일 술을 마시는 행위를 한다면 '자유 의지로 선택된 정상행위'인지, 혹은 '강박적인 행위'인지 구분할 때 도움 되는 기준이 있다. 첫째, 중독물질 소비를 목적으로 물질 획득에 과도한 '집착 행동'이다. 두 번째, 반드시 물질을 사용해야 하는 '강박적인 행동'이다. 이 두 행동은 중독질환 고유 특성인 '조절 능력 상실'로 인해 나타나는 것이다.

알코올이 신체 건강에 미치는 영향

　알코올중독자는 신체 건강도 면밀하게 확인해야 한다. 알코올은 식도, 위, 간 등 닿는 모든 기관에 영향을 준다. 일상생활 속에서 사용할 때는 유해균을 살균의 용도로 사용되지만, 신체에 들어가게 된다면 유익균과 정상세포에 해를 입히고 암을 유발한다. 알코올이 간에 악영향을 준다는 것은 보편화된 상식이다. 음주 초기 기름층이 생겨 지방간을 만든다. 이는 무기력함을 제외한 증상이 나타나지 않아 무심코 지나가기 쉽다.

다음 단계는 간염이다. 간염은 통증, 발열 등 염증으로 인한 증상이 나타나고. 신체적인 외관상의 변화는 코끝과 손등, 손바닥 등 손이 전반적으로 붉어지며 간이 붓는다. 황달 증상으로 피부와 신체가 노란빛이 보이지만 동양인들은 피부를 봐도 쉽게 구분할 수 없기에 황달의 유무를 확인하기 위해 눈을 본다. 알코올중독자와 회복자는 눈을 보면 구별할 수 있다. 황달의 경우는 눈동자의 흰자위가 노란색으로 착색돼있지만, 단주를 수개월 유지한다면 흰자위가 다시 맑아진다. 중독자의 눈을 관찰해야 하는 이유이다.

마지막은 간경화이다. 알코올로 인해 간에 있는 세포가 죽고 수분이 빠져나간다. 간의 형태는 부피는 줄어들고 돌처럼 변해 제 역할을 하지 못한다. 간을 통과하지 못한 수분이 밑으로 이동해 복수가 차고 다리에 부종이 생긴다.

위점막은 산으로부터 위를 보호하는 역할을 한다. 알코올의 소독 작용으로 위를 보호하는 위점막이 희석되면 산으로부터 위를 온전하게 보호하지 못한다. 이 상태에서 술로 인해 위신 분비가 촉진된다면 보호받지 못한 위는 산으로 인해 염증, 궤양, 천공이 생긴다.

알코올은 신경에 침투해 감각을 둔하게 만든다. 이는 농업을 하시는 분들이 농주를 마시면 일할 때 덜 힘들다고 느끼는 이유이다. 알코올중독자가 술을 마실 때는 만큼은 몸이 아프지 않다고 느끼는 이유가 되기도 한다. 신경에 침범해 말초신경염을 유발하고 손끝과 발끝에

통증을 느끼게 하거나 말초의 감각을 마비시킨다.

중독의 요인

중독의 사회적 요인

중독 발병은 유전적인 요인, 성장 배경, 개인의 경험이 다원직으로 작용해 생기는 질병이다. 나의 경험상 적지 않은 원인으로 작용하는 사회적 요인에 대해 이야기를 하고자 한다.

가정환경

알코올중독자가 있는 문화를 살펴보면 저녁 식사, 휴일, 가족 행사와 같은 자리에 다양한 술을 곁들인다. 알코올을 매개체로 가정의 평화와 안정감을 찾는다. 가정의 시스템을 만드는 것이며 알코올로 인한 문제가 발생 되더라도 지속한다.

중독문제는 가정 전체를 병들게 한다

중독을 '가족 병'이라 부르기도 하는 이유이다. 중독으로 인해 병든 가정에서 주로 관찰되는 모습은 '공동 의존'이다. 가정 구성원 내에 중독자가 있다면 다른 구성원들은 가정에서 구성원으로서 생존하기 위해 보기는 행동 패턴들을 말한다. 공동 의존은 기존 중독자 구성원의 중독문제를 유지하게 하거나 다른 구성원의 중독을 발현하게 한다.

가장 흔하게 볼 수 있는 중독 유형인 알코올 사용으로 공동 의존의 예를 들어보겠다. 공동 의존으로 인해 나타나는 행동 유형에는 '내가 잔소리한다면 스트레스를 참지 못하고 술을 또 먹지 않을까?' 걱정하며 중독자의 음주 문제를 본인의 탓으로 만드는 유형 '문제는 술 먹는 사람 잘못이지 내 탓은 아니야.' 알코올중독자를 인정하지 않고 부정하며 무시하는 유형, '술은 나랑만 마셔.' 알코올중독자와 함께 생활하며 문제를 만들지 않기 위해 대상자의 음주에 참여하는 것을 선택하는 유형, 이 과정에서 가족 구성원도 알코올 사용에 문제가 발생될 수 있다.

사회 환경

세상에 등장하며 처음 만나게 되는 '가정', 비슷한 성향의 또래를 찾아 친구를 사귀는 '학교', 성격과 성향이 완성된 이후 서로 다르더라도 이해하며 지내는 '직장'처럼 사회 환경은 사람의 성장과 함께 연속적으로 확장한다.

이런 환경 속에서 인간관계를 유지하며 사회적 유대를 형성하고 건강하고 성숙한 사람으로 성장한다. 하지만 부모의 이혼, 학교 폭력과 따돌림 등의 문제로 사회에 적응하지 못해 사회 환경에 여백이 생기는 것을 '문화 공백 상태'라 한다. 문화 공백은 개인에게 사회적 고립감과 박탈감을 느끼게 하며 이런 공백 상태에서 도피하기 위해 중독 행위를 찾는다.

병식

전숙고단계

병식이 없는 알코올 중독자들이 공통으로 하는 말이 있다. '내가 중독이면 세상 사람들 다 중독이다.', '나는 마음만 먹으면 술을 끊을 수 있다.', '나는 술도 많이 못 마셔서 소주 반병이면 취한다.', '이런데도 내가 중독이냐?' 병식이 없기에 이런 태도를 보인다.

병식이 없는 알코올중독자의 사고에는 몇 가지 오류가 있다. 알코올 중독이라고 하면 일회 최대 주량에 집중한다. 이 오류는 알코올에 얼마나 의지하는지, 음주의 빈도가 어떻게 되는지, 본인의 건강 이상과 금단증상을 간과하게 만든다.

이 단계의 대상자들은 변화의 필요성을 느끼지 못하고 본인의 문제를 자각하지 못한다. 술을 마시며 분명하게 부정적인 영향이 있음에도 본인의 음주에는 문제가 없으며 술을 끊거나 조절할 수 있는 능력이 있다고 생각한다.

대상자의 병식 형성을 위해 우선 대상자의 음주 생활에 문제가 있음에도 변화를 원하지 않는 이유를 확인해야 한다. 본인의 행동 패턴과 주변을 객관적으로 바라볼 수 있는 관점을 기르도록 해 본인의 음주 문제를 인지하도록 이끌어 경각심을 일깨워야 한다. 병식을 형성하기 위해선 오랜 시간과 노력이 필요하다. 상담 교육을 이용하는 것보다 유익한 방법은 본인을 객관적으로 관찰할 수 있는 질문을 던지는 것이다. 이해하기 쉽지만, 구체적인 질문을 해야 한다. 나쁜 결과가 예상되더라도 음주하는지, 강박적인 음주를 하는지, 사람을 만날 때 음주를 반드시 하는지, 혼자 마시는 술, 반주 등을 질문해 인지적인 도식화 작업을 수행해 병식을 형성한다.

이러한 노력에도 병식이 형성이 정말 힘든 사람들이 있다. 중독으로 인하여 병원에 입원하는 것을 '몸 만들러 간다.', '술 빼고 온다.', '들어가기 전 술자리 한 번 만들자'라고 말한다. 이런 말을 직접 들으면 정말이지 김샌다.

숙고단계

전숙고 단계의 병식 형성 과정의 긍정적인 결과이거나 혹은 경각심을 갖고 기관에 방문한 경우이다. 숙고 단계에 있는 대상자는 변화에 관심이 있고 변화를 생각하며 고민하고 있다.

술로 인해 발생한 건강의 문제와 사회에서 발생한 문제들, 술로 인해 손해 본 것들에 대해 불편감을 느끼기 시작한다. 하지만 이 과정에서 술을 마시고 싶은 마음과 술을 마시고 싶지 않다는 마음이 대립한다. 이를 '양가감정'이라고 한다.

예를 들어 술은 나에게 해롭다는 것을 알지만 계속 마시고 싶은 마음이다. 이 양가감정은 음주 행위에 대한 가치관이 변하고 있으며 음주 행위가 입체적으로 해석하고 있음을 알 수 있다. 양가감정은 매 순간 다른 판단을 내리게 한다. 양가감정을 느끼지 못하는 중독자는 항상 술에 이끌려 다니지만, 양가감정을 느끼는 중독자는 중독의 부정적인 모습을 인지하였기에 술을 거절할 수 있는 판단을 할 수 있다. 하지만 매번 긍정적인 모습으로 술을 거절하며 단주와 절주를 이어가는 것은 아니다. 부정적인 판단은 더 큰 부정적인 결과를 만들어 결심과는 반대로 폭음한다. 이 과정을 겪고 있는 중독자들은 재발이 잦아 좌절에 빠지기 쉽고 그럴수록 더 지지해 변화의 방향으로 이끌어야 한다.

준비단계

이 단계에 있는 중독자들은 숙고 단계에서 충분한 고민으로 변화를 다짐한다. 본인의 문제를 자각하고 중독문제를 해결하기 위해 노력한다. 여전히 중독행위의 문제들을 보이지만 그 행동을 중단하려고 한다. 이들은 자발적으로 문제 행동을 감소시키거나 중단하기 위해 노력하고 시도하며 준비단계에 들어서면 본인과의 약속을 지키기 위해 가족과 가까운 지인에게 자신의 중독질환을 시인한다. 이 과정에 있는 중독자들은 중독에서 벗어나기 위해 계획을 수립하고 대상자의 욕구와 컨디션을 고려하여 절주 혹은 단주의 목표를 결정한다.

실천단계

준비하고 계획한 사항을 실천으로 옮기는 단계이다. 이 단계는 새로운 습관을 만들기 위해 새로운 행동을 형성하는 것이 목표이다. 이 과정에서 중독 재발하는 경우가 많다. 재발 이후 본인은 실패했다고 사책하며 다시 중독에 빠지기도 하지만 중독에서 재발은 실패가 아닌 회복 과정 중 하나라고 이해시키고 좌절하지 않고 계속 이어 나갈 수 있도록 지지해야 한다.

유지단계

마지막은 유지단계이다. 실행단계에서 습득한 생활과 새로운 행동을 적용하여 건강한 일상을 유지하는 것이다. 유지단계라고 해서 중독 재발이 없는 것은 아니다. 재발은 어느 단계에서든지 발생할 수 있다는 것을 이해해야 하고 치료사는 항상 이를 염두하고 있어야 한다.

병식 형성과 애도 반응

중독자는 병식이 형성되며 애도 반응을 겪는다. 흔히 애도 반응이란 사랑하는 사람과의 이별, 오랜 직장의 퇴직, 자녀의 출가, 반려동물의 죽음 등 사람에게 중요한 대상을 상실했을 때 경험하는 심리적인 불안과 허탈함, 정서적인 고통을 말하지만, 중독자들에게도 중독 매개체의 상실감에 대한 애도 반응이 나타난다.

삶의 목표이자 이유가 됐던 대상과 원치 않는 이별을 하는 것에 삶의 여백과 허탈함을 느낀다. 더는 술을 마실 수 없다는 사실을 부인하며 분노를 표출하거나 술을 마시지 않지만 술을 마신 것처럼 보이기도 한다. 과거에 음주 생활을 즐겼던 거리를 걷기도 하며 술을 마시지 못하더라도 술을 구입하기도 한다. 이러한 행동으로 본인을 계속 시험한다. 이들은 인생에서 즐거움과 의미의 대상을 잃고 무능력함을 느낀다.

애도 반응의 마지막은 술이 없는 자기 삶을 받아들이고 회복하며 미련했던 본인의 과거라며 무덤덤한 태도를 보인다. 상실에 대한 애도 반응이 지속되는 기간은 개인차가 있으며 대상자가 적절한 대응을 할 수 있도록 애도 반응을 인지하도록 도와 재발을 예방해야 한다.

우리 삶 속의 중독 요인

영유아 아이가 있는 가정에서는 식사 시간에 밥과 반찬 대신 식탁에 거치된 스마트폰을 보게 한다. 이는 영유아에게 스마트 미디어 매체를 통해 시각적 자극을 줘 중독의 위험을 키우는 요인이 된다.

성장하는 아이들에게 일상생활에서 알코올을 노출하는 것은 알코올과 친숙하게 만들고 알코올에 대한 경각심을 잃게 만들며 술을 일찍 접하게 만들어 중독 발병에 위험요인이 된다. 예를 들어 아이들과 식사하는 자리에서 반주하거나 가정 내에서 잦은 음주가 있다.

청소년들은 스마트폰을 이용해 온라인게임을 즐기며 심한 경우 식탁에서도 스마트폰을 손에서 놓지 않는다. 스마트폰에 있는 미디어 영상과 게임에서는 더는 자극적인 재미를 찾을 수 없고, 갖고 싶은 신발과 옷을 위해 스마트폰을 이용해 불법 스포츠 토토와 사다리 등 도박을 시작하기도 한다.

실제로 스마트폰을 이용한 도박, 온라인 게임, 비디오 스트리밍 서비스 등에 고액의 과금이 문제가 돼 기관에 문의가 들어오는 사례도 종종 있다.

이처럼 중독은 전 생애주기에 우리의 삶과 밀접하게 닿아 있고 중독은 중독을 낳는다. 중독이 중독을 낳는다는 표현은 A 행위로서 얻은 도파민을 B라는 행위에서 찾고자 하는 과정이다.

술을 끊으면 인터넷 사용 시간이 늘거나 도박에 빠지기도 한다. 계속해서 새로운 자극을 찾으며 식탐도 는다. 이렇게 계속해서 새로운 자극을 찾는 이유는 도파민 회로 때문이다. 이는 중독을 논할 때 항상 언급된다. 도파민 회로는 보상을 추구하는 행위를 반복하게 만들고 결국 역치가 높아지면 더 많은 양의 도파민을 추구하게 만든다.

알코올

알코올중독은 정신질환의 암이라 한다. 조기 발견이 어렵고 점진적으로 진행된다. 처음은 단순하게 다른 사람보다 술을 좋아하는 사람으로 보이지만, 시간이 지날수록 술에 끌려다닌다. 그렇게 정신적, 신체적, 사회적 문제가 점점 커진 이후 자신이 병이 있음을 알게 된다.

가장 높은 비율을 차지하는 분류이고 대부분의 알코올중독자는 누군가의 손에 이끌려 기관에 방문한다. 술주정으로 가족을 괴롭혀 보호자에게 의뢰되거나, 주취 범죄로 법령 필수교육 수료를 목적으로 오거나, 퇴원 후 지역사회 적응과 증상 관리를 위해 병원에서 연계된다. 이런 과정을 밟고 오는 중독자는 초기 평가를 통해 병식을 파악하고 관리한다.

중독 선별에서 중요하게 파악하는 것은 '음주 조절 능력의 상실'이다. 이는 본인의 음주 상태를 파악하지 못해 본인의 의지로는 음주를 조절할 수 없게 된다. 브레이크가 고장 난 트럭처럼 큰 문제가 생길 때까지 멈추지 못한다.

평가와 인터뷰를 통해 정보를 수집한다. 예를 들어 식사를 제대로 하는지, 해장술을 하는지, 쉬지 않고 술을 마시는지, 항상 취해있거나 주취 범죄를 저질렀는지, 필름이 끊기는 증상을 경험 해봤는지, 이런 경험과 증상을 고려해 고위험군을 선별한다.

도박

도박중독(병적 도박)이다. 현재 국내에 합법으로 지정된 도박은 7가지가 있다. 강원랜드, 경마, 경륜, 경정, 복권, 소싸움, 체육진흥투표권(스포츠토토, 스포츠 프로토) 외 도박은 모두 불법이다. 도박은 단순하게 취미로 즐기는 사례는 볼 수 없으며 시작과 동시에 중독에 빠지고 다른 중독과 비교하기에 경제적 손실과 죄책감으로 인한 정서적 황폐화가 급격하게 진행된다.

병적 도박은 도박으로 인한 채무의 문제, 삶의 피폐함, 성격의 황폐화를 주요하게 본다. 이들은 도박으로 잃은 돈에 집착하고 돈을 잃었음에도 다시 도박장 주변을 서성인다. 도박하는 것을 남들에게 숨기며 본인의 중독을 인정하면서도 본인에게 유리한 부분을 정당화하거나 합리화하는 양가감정을 보인다. 본인의 채무는 무관하게 돈이 생기면 빚을 청산하기 위해 다시 도박장을 간다. 도박 중독자들은 빚을 갚으면 도박하지 않겠다고 하지만 실제로는 빚을 청산하더라도 재미와 쾌락을 위해 도박을 계속한다. 채무와 도박은 무관하다. 도박 재발로 반복되는 황폐화를 예방을 위해 도박 대안 활동을 찾고 인지행동치료와 도박 교육이 필요하다.

인터넷

인터넷 중독이다. DSM-V(정신장애의 진단 및 통계편람)을 살펴보면 인터넷 중독에 대한 진단 기준이 없다. 하지만 인터넷 중독은 인터넷(온라인게임, 온라인 방송 플랫폼 등)의 과도한 사용은 일상생활에 분명한 문제를 만든다. 예를 들어 인터넷 사용을 줄이는 것을 힘들어하고 인터넷 사용 시간이 늘어나며 일상보다 인터넷이 우선이 된다. 인터넷 사용을 숨기며 인터넷 사용에 제한을 가하면 폭력성을 보인다.

약물

　약물 중독이다. 대부분 마약류 관리법 위반으로 인한 법원 필수교육 수료를 목적으로 기관에 온다. 약물을 한 번 접하게 되면 쉽게 빠지는 이유는 강력한 금단증상과 내성이다. 약물은 도파민 분비를 왕성하게 만들어 강한 쾌감을 느끼게 하고 일시적으로 기분이 좋아지게 한다. 이런 과정의 쾌락을 느끼기 위해 반복적으로 약물을 남용하고, 내성이 생겨 더 많은 양과 더 강한 약물을 찾는다.
　약물은 각성제, 환각제, 아편류, 코카인, 마리화나, 흡입제 등 다양한 종류가 있다. 특징은 금단, 내성, 갈망이며 마약마다 모두 다르게 나타나고 약물도 여차 다른 중독과 마찬가지로 개인적, 심리적, 사회적 요인이 다원적으로 작용한다. 예를 들어 스스로 스트레스를 해소할 수 있는 능력이 없거나, 쾌락을 추구하는 충동을 극복하지 못했거나, 호기심에 접하였다가 금단증상을 극복하지 못해 약물 없이는 일상생활을 할 수 없어 의존하기 시작하기도 한다.
　마약은 국가에서 소지 자체를 불법으로 강력하게 처벌하고 있어 다른 중독보다 비교적 사례로서 접하기 힘들지만, 유명 연예인들의 대마초, 마약 투약 혐의, 한동안 떠들썩하게 만들었던 '버닝썬' 사건을 본다면 사회의 심각한 문제로 자리 잡았다.

중독질환을 네 가지로 분류했지만, 이들을 동일선상에 바라볼 수 없다. 성장 배경, 환경, 성향, 성격, 기관에 오게 된 이유 등이 모두 다르기 때문이다.

나는 중독자를 겪으며 의문이 생겼다. 자기 파괴적인 중독행위를 하며 본인과 가족을 괴롭히는 것을 자처하는 사람을 왜 도와야 하는지였다. 이 의문은 다수의 사례를 접한 뒤 자연스럽게 답을 얻을 수 있었다. 중독자 본인도 그런 삶을 원하지 않는다. 감당할 수 없는 채무, 환각 증상, 취해있는 정신 이런 증상과 환경에서 벗어나 평범하게 살길 원한다.

중독자들은 사회의 낙인으로 어딜 가더라도 환영받지 못하고 가족에게도 미움을 받는다. 이들도 중독에 빠지기 전까지는 사회의 건강한 일원이었고 평범한 삶을 되찾기 위한 노력도 해봤지만, 매번 실패한다.

당신만이 할 수 있지만,
당신 혼자서는 할 수 없다

국민의 중독을 예방, 치료, 관리의 목적으로 전국 각 지역 중독관리통합지원센터가 설치됐다.

중독관리통합지원센터는 보건복지부의 정신건강복지법으로 운영되는 기관으로 주요 역할은 전 생애주기를 대상으로 예방, 중독 취약계층 집중 사례관리, 전문 치료, 재활 서비스 등 다양한 서비스를 제공해 사회적응을 돕는 기관이다.

내가 속한 중독관리센터는 '천주의 성 요한 의료봉사 수도회'의 소속으로 정신건강복지법을 따른다. 기관은 수도회의 지원을 받더라도 직원과 중독자들의 종교의 자유가 보장된다. 이러한 기관의 종교적 성격 때문인지 회원 중 일부는 천주교라는 '동질성'을 갖고 있다.

이곳에서 운영하는 치료 프로그램의 근거는 '치료공동체'이다. '치료공동체'라는 개념은 2차 세계대전 이후 영국에서 처음 사용됐고 중독에서는 캘리포니아에 있는 알코올 중독 소규모 모임 '시나논'에서 처음 사용됐다.

중독관리센터에서 '치료공동체'는 중독이라는 개인의 문제를 다루는 곳이지만 공동의 목적은 중독자 생활에서 습득된 습관, 생활 방식, 가치관, 정체성에 긍정적인 변화를 이끄는 것이다. 치료공동체는 기관에서 일시적으로 시간을 보내는 곳이 아닌 삶의 방식이고 올바른 삶을 추구하기 위함이다. 개인의 변화가 타인에게 영향이 있음을 느끼게 하며 이와 같은 지속적인 상호작용을 통해 행동을 변하게 한다.

이 기관에서 운영하는 '치료공동체'의 이름은 '마중물'이다. '마중물'의 뜻은 펌프로 물을 끌어 올리기 전 펌프 위로 붓는 마중 나가는 물을 말한다. 직원과 중독자가 공동으로 운영하며 직원의 참여에 구애받지 않고 회원들이 능동적으로 운영한다.

치료공동체 직원의 역할

다양한 사회적 환경 속에서 성장을 이끄는 치료공동체에서 직원의 역할은 학습을 할 수 있는 '안정된 치료적 환경'을 제공하는 것이다.

공동체와 개개인의 균형을 유지해 지속적인 성장 가능한 환경이 유지될 수 있도록 해야 한다.

마중물의 구성원은 중독의 구분과는 상관없이 의지만 있다면 누구나 마중물 그룹에 속할 수 있다. 실제로 그룹 내에 알코올, 인터넷, 도박 등 서로 다른 중독이 모여 건강한 지지체계가 된다. 마중물 내에는 단주 유지 기간과 개인 역량에 따라 마중물 내의 직위가 있다. 적응에 집중하기 위해 일부 프로그램에만 참여해 관찰만 해야 하는 '관찰회원'부터 치료공동체 마중물을 총괄하는 '팀장'까지의 역할이 있고 그에 따른 권익과 책임이 부여된다.

마중물 회원들을 보호하기 위해 만들어진 필수 규칙들이 있다. 사회에서 이들을 병들게 하고 삶을 피폐하게 만들었던 활동들이다. 내기, 도박, 금전거래, 음주 행위, 공동체 내 이성 교제, 사적인 모임 등을 금지하는 필수 규칙들로 지정했다. 이중 일부는 중독자들이 사회에서 사람을 사귈 때 했던 행위들이기 때문에 지키기 힘들어한다.

마중물이란 작은 사회

누구나 사회생활을 하다 보면 다양한 문제들과 마주한다. 이러한 상황 속에서 마중물은 서로 신뢰하고 책임감 있는 모습으로 문제를 해결한다. 안정적인 환경을 유지하기 위해 마중물 내에도 사회와 같은 역할이 있다. 친구, 동료, 팀원, 팀장 등 역할을 통해 서로 지지하고, 배우고 가르치며 스스로 발전하게 하고 공동체 내의 문제를 해결하도록 한다.

역할을 통한 지속적인 상호작용으로 사회기술을 학습하도록 한다. 마중물 환경과 회원, 회원과 회원, 선임과 후임 등 이러한 관계들을 이용하여 문제를 해결하며 개인을 성장할 수 있도록 한다. 개인의 성장에 있어 중요 요인은 공동체라는 환경을 통해 문제를 해결해 나가는 경험을 하는 것이다. 사회적 상호작용을 통해 개인의 성장을 만든다.

치료공동체의 목적은 개인을 돕는 것이지만, 공동체와 개인의 관계는 수평 관계를 이루도록 해야 한다. 수평을 유지하려 노력하는 이유는 신뢰에 있다. 공동체와 개인의 관계가 불균형을 이룬다면 개인과 공동체 관계가 진실하지 못하게 되고 회원들도 서로를 신뢰하지 못하게 된다. 또한 개인이 공동체에 살아남으려 사소한 문제도 은폐하게 하고 부도덕한 거짓말을 하게 한다. 신뢰는 공동체를 통한 치료에서 중요한 요소이기에 개인과 공동체의 균형을 항상 생각해야 한다.

중독자에게 중독에 대한 고민, 개인사와 같은 나누기 힘든 이야기를 나눌 수 있는 환경이 존재한다는 자체만으로도 큰 도움이 된다. 치료공동체 내부에서 개방하는 개인의 경험들은 치료의 유용한 재료이다. 개방된 개인의 고민과 경험은 다른 구성원과 공동체의 공통적인 경험이기도 하다. 문제를 공동체 내부에서 다루고 조언하며 지지한다. 이러한 과정에서 문제를 해결하는 과정은 다른 구성원들에게도 중요한 경험이 된다.

치료공동체의 일과는 출근과 동시에 음주 측정을 하며 시작된다. 센터 내부의 음주 측정의 목적은 혈중알코올농도의 수치를 확인하는 것이 아닌 유무를 확인하는 것이다. 혈중알코올농도가 확인될 시 프로그램 참여를 제한하고 행동 형성 관리 도구를 통해 조치한다.

음주 측정 이후 오전 9시가 되면 직원, 부서장, 부서 팀장이 참여하는 업무 회의를 진행한다. 주요 논의 사항은 부서별 업무 배정, 아침 모임 철학 내용 및 발표자, 특이사항 등을 점검한다. 부서는 시설관리부와 행정관리부로 나뉘며 활동 내용은 청소, 프로그램 준비, 화분 및 텃밭 관리 등 이 절차는 매일 진행되며, 회원들이 능동적으로 센터를 점검하고 관리한다.

치료공동체의 기본 도구이자 핵심인 모임은 '아침 모임'이다. 모든 공동체 회원들이 모여 공동체의 하루를 시작하는 '아침 모임'은 행동 형성 도구이고 치료공동체의 기본이다. 아침 모임에 처음 참석하는 사람은 도대체 이게 무슨 프로그램이냐며 당황한 기색을 숨기지 못하기도 하고, 화를 내며 프로그램 도중 자리를 박차고 나가기도 한다.

나 또한 아침 모임 프로그램에 처음 참석했을 때 영화에서 나오는 사이비 종교 단체가 엄숙하게 다루는 의식이나 행사처럼 느꼈다. 프로그램 시작과 끝에 앉은 자리에서 일어나 기도문을 외운다. 심지어 몇몇 회원들은 그 긴 기도문을 눈감고 암송하며 심취해 있어 보이기도 했다.

발표자는 자리에서 일어나 '안녕하세요, 우리 가족'이라 선창하면 다른 회원들 모두 복창한다. 엄숙한 분위기에서 개인의 투명한 감정과 솔직한 경험을 이해할 수 없는 철학에 빗대어 발표했고 다른 발표 시간에는 어느 한 회원이 손을 들더니 갑자기 자리에서 일어나 다른 회원의 행동을 공개적으로 꾸짖었다.

나는 말려야 하는 게 아닐까 생각이 들었지만, 진행 역할에 있는 다른 직원과 회원들 모두 듣고만 있기에 아무것도 할 수 없었고 심지어 몇몇 회원은 질타에 동의라도 하듯 본인도 손을 들고 잔소리를 덧댔다.

그렇게 아슬아슬한 꾸짖음의 시간이 끝났고 잠시 후 무슨 일 있었냐는 듯 다 같이 아무렇지 않게 얼굴에 손으로 만든 꽃받침을 대고 웃음을 지었다 나는 몹시 혼란스러웠고 행복한 척 웃음을 짓고 갑자기 꾸짖음을 당한 대상이 일깨워줘 고맙다며 꾸짖은 사람에게 칭찬과 격려를 되돌려 줬다. 가장 충격적이었던 것은 '기분 내기'라며 무반주 상태에 박수 소리로만 맞춰진 엉성한 박자 속에 하나도 맞지 않는 음정을 유지하며 회원 한 분이 트로트를 열창했다. 이 과정의 한 시간 남짓한 시간 동안 매우 혼란스러웠다. 하지만 직원인 나는 프로그램을 진행해야 했기에 이 이해할 수 없는 의식을 이해하기 위한 공부를 시작했다.

아침 모임은 평균 한 시간 정도 소요되며 간단한 규율은 진행자와 발표자에게 집중해야 하고 바른 태도와 단정한 옷차림으로 참석해야 한다. 진행자와 발표자를 제외한 모든 사람은 착석하고 있어야 하며 그 어떠한 소지품도 소지할 수 없다. 물을 마실 수 없고 개인의 감정과 경험을 발표하는 특성상 필기를 할 수 없다.

'안녕하세요, 우리 가족'의 인사는 공동체의 소속감을 함양하며 서로를 존중하고 신뢰하도록 고양하는 중요한 작업이다. 이 작업은 아침 모임은 회원들에게 공동체 의식을 증진해주고, 긍정적인 일과를 시작하여 하루를 긍정적으로 보낼 수 있게 하며 각 장의 성장을 이끄는 역할을 한다.

회원이 공개적인 장소에서 꾸짖고 갑자기 기분을 낸다며 노래를 부르고, 꾸짖음을 당한 대상이 고맙다며 고백을 하는 것 모두 중요한 의미가 있는 프로그램의 내용이며 회원들을 성장시킨다. 기도문 한 문장 한 문장 깊은 뜻이 내포되어 있었다. 선임 회원들은 내포된 깊은 뜻을 겸허하게 받아들이고 곱씹기 위해 눈을 감고 암송한다. 중요한 것은 자칫 이상해 보일 수 있는 이러한 과정은 회복의 길을 걷고 있는 중독자의 단 중독을 유지하는 데 중요한 역할을 한다는 사실이다.

아침 모임의 발표는 모두 준비된 발표이며 각자 발표 내용을 필기해

온다. 아침 모임의 구조 중 중요한 것은 '철학 발표', '일깨우기', '주제발표'이다.

처음 듣는 사람들은 도통 무슨 말인지 이해할 수 없는 '철학 발표' 시간은 아침 모임의 첫 순서이고 아침 모임의 메인 순서이다. 16가지의 마중물 철학이 본인의 삶과 단주에 어떻게 적용하였는지 그 경험을 통해 얻은 교훈이 무엇인지 발표한다. 철학은 각자 해석이 다르다. 또한 각자 다르게 해석하는 생활 철학을 자신의 단주에 어떻게 적용하며 실천하는 것에는 분명한 개인차가 있기에 준비된 발표만 진행하고 그 외 다른 피드백은 허용하지 않는다. 철학 발표의 중요한 목적 중 하나는 철학 발표의 다음 순서인 일깨우기 발표 상황에서 발생할 수 있는 불안함과 불편한 마음을 가다듬는 역할도 한다.

불만에 가득 찬 특정 회원이 앙심을 품고 자리에서 일어나 불만의 대상에게 질책하는 것으로 보이기도 하는 '일깨우기'의 목적은 온전한 단주 생활을 위해 필요한 행동과 태도에 대해 일러주는 발표이다. 무의식에서 나오는 중독자의 습관과 태도를 일깨우는 순서이고 이는 발표자 자기 행동을 먼저 시인하고 타인의 행동에 대해 잘못된 점을 직면한다. 이를 통해 정직한 생활을 형성하도록 한다.

예를 들어 한 회원이 휴게실 사용 후 뒷정리하지 않았다. 치료공동체는 이 행동을 단순한 '뒷정리 미흡'으로 생각하지 않고 그간 본인 삶의 습관에서 나오는 '나태함'으로 간주한다. 이러한 '나태함'을 재발에 위험요인이라 여기고 이 나태한 행동이 계속 반복된다면 다른 회원이 공개적인 장소에서 직면한다. 굳이 공개적인 장소에서 직면하는 이유는 치료공동체 회원의 나태함은 개인의 문제가 아닌 치료공동체의 문제이며 공동체 내부에서 다루어야 하기 때문이다. 또한 다른 사람들 앞에서 누군가의 행동을 지적할 때는 감정적인 언어가 섞일 수 있다. 이를 예방하기 위해 모두가 들을 수 있는 장소에서 해야 한다.

발표자는 공동체 회원들과 함께 나눌 수 있는 소재를 미리 준비해 '주제발표'를 한다. 준비된 발표인 주제발표는 글귀나 책의 내용만을 발췌할 수 없고 일상에서 겪은 자기 경험이나 과거를 회상하는 글을 주로 다룬다. 회원들은 준비된 발표를 경청하고 공감 가는 내용이나 문구에 자신의 유사 경험과 글을 듣고 떠오르는 생각을 자유롭게 나누되 주제와 연관성 있게 해야 한다.

종교인의 치료적 관계

나는 종교가 없지만, 종교의 신뢰가 치료적 관계에서 주는 힘을 경험하였다.

'천주의 성 요한 의료봉사 수도회' 소속의 이 기관에는 다양한 종교를 가진 종교인들이 있지만 비교적 천주교 신자가 많다.

마중물 회원 중 지각이 잦고 책임감이 부족하여 역할을 다른 회원이 업무를 대행하는 사례가 자주 있었다. 마중물 팀장 회원이 문제 행동을 보이는 팀원에게 직면하겠다며 스스로 나섰고 나는 회원들 사이에 감정이 상하는 문제가 생기지 않을까 우려됐고 직면 이후 머지않아 팀원의 태도가 개선됐다.

내가 걱정할 만큼 회원들의 신뢰는 옅지 않았다. 직면이 나의 우려보다 안전하고 자연스러웠고 안전하고 자연스러울 수 있었던 이유는 서로를 신뢰하고 있었기 때문이다. 이처럼 누구나 얼굴 붉히며 불편한 관계가 되기를 두려워한다. 이처럼 뜻대로 좋은 이야기만 할 수 없는 상황에서 신뢰는 직면할 때 큰 디딤돌이 된다.

우리 직원들은 특별한 사유 없이 회원이 결석하거나 연락받지 않는다면 웃기게도 가장 먼저 재발을 의심한다. 그만큼 중독질환에 있어서 재발은 흔하고 익숙하다. 마중물 회원이 음주로 재발하면 직원과 회원을 볼 면목이 없다고 결석하는 경우가 종종 있다.

이런 상황에서도 마중물 팀장의 역할은 재발로 기죽어있는 회원을 지지해 단주로 이끄는 것이다. 이때 팀장은 상투적으로 하는 지지가 아닌 진심으로 그 사람을 아끼는 마음에서 함께 하기를 원한다. 이처럼 팀장 회원과 직원의 설득으로 매번 해결되는 것은 아니다. 상황이 좋지 않을 때는 장기 결석으로 이어지고 연락도 받지 않는다.

나는 마중물의 팀장 회원과 동행해 음주 재발로 인해 장기 결석 중인 회원의 집에 가정방문을 다녀온 경험이 있다. 이때 내가 생각했던 것보다 이들의 신뢰는 훨씬 더 두터웠다. 담당 사례관리자와 가족의 설득에도 요지부동이던 회원은 팀장의 설득으로 알코올 전문 병원에 입원 후 중독 치료받고 현재는 퇴원하여 공동체와 함께 회복을 유지하고 있다. 이처럼 팀장 회원의 능력을 확인할 수 있는 사례들은 자주 있었다.

팀장 회원의 말 한마디에 고집 강하기로 유명한 중독자들의 태도가 변하고 단주를 다시 시작하기 위해 그토록 싫어하는 입원 생활을 선택하는 사례들을 보니 팀장 회원이 든든한 지원군처럼 느껴졌으며 가끔은 설득의 고수처럼 보이기도 했다.

나는 팀장 회원의 어떤 요인이 이들을 이끄는 두터운 신뢰를 만들었는지 생각해봤다. 나와 팀장 회원의 차이가 나이인지 연륜인지 중독의 경험 인지, 회원의 능력인지 회원들과 가깝게 지내는 친밀함인지, 혹은 나의 부족함인지를 고민했다.

나의 고민으로는 그 강력한 신뢰의 출처를 알 수 없었고 팀장 회원에게 직접 물어봤다. 팀장 회원은 흔쾌하게 일러줬고 생각지 못한 대답을 들었다. 신뢰 출처의 핵심은 '종교'였다. 팀장 회원과 직면을 받은 회원, 재발한 회원 모두 천주교 종교를 가진 회원들이었다.

종교의 힘은 이뿐만 아니다. 더 이상 술독에 빠져 중독자의 삶을 살 수 없다는 이유로 머나먼 광주까지 거주지를 옮긴 사례가 있다. 본인을 보살펴 주던 수녀님이 광주에 있는 병원을 추천해주셨다고 한다. 수녀님 설득에 광주까지 이사를 왔고 병원의 전문적인 치료와 재활을 통해 단주를 시작했고 입원실 동료의 권유로 퇴원과 동시에 이 기관에 왔다. 이처럼 종교라는 상징성이 주는 신뢰는 치료적 관계에 강한 힘으로 작용한다.

제5장
내가 생각한 중독자, 실제로 만나본 중독자

한국마약운동퇴치본부 정신건강작업치료사, 황현승

중독자라는 직업과 일

　이 책을 읽고 있을 독자의 머릿속에 떠오르는 중독자 모습의 대부분은 지하철역 혹은 시장 주변에 술병과 함께 뒹굴고 있는 노숙자의 모습을 떠올릴 것이다. 나 또한 본인이 중독자임을 인정하고 시인하는 중독자를 만나기 전까지 그렇게 생각하고 있었기 때문이다.

　입사 첫날 가장 놀란 점은 내가 머릿속에 그리고 있었던 중독자의 모습, 즉 지하철역이나 시장에 있는 중독자의 모습을 가진 중독자는 기관 어디에서도 찾아볼 수 없었다. 각자 소개를 받기 전까지 회원과 직원을 구분하기 힘들었으며 그만큼 회원들 각자 일상생활에 대한 자기관리가 잘 돼 보였다.

어느 날 회원들과 자유롭게 이야기를 나누며 뜻하지 않게 노숙을 주제로 이야기를 나눴다. 그 자리에 있는 회원 중 과반수 노숙 생활을 경험해 봤다는 사실에 나는 당황했다.

바르고 눈치가 있어 회원들 사이에서 인기가 제법 있는 A씨에게 들었던 이야기가 있다. 노숙자 생활이 힘들다는 사람은 노숙 생활을 오래 해보지 않았기 때문에 길거리 생활이 힘들다고 하는 것이지 3년 이상 해보면 그 시절만큼 자유롭고 편했던 때가 없었다고.

나는 다시 사회로 돌아온 이유를 A 씨에게 되물었고 회원 공통의 대답을 들을 수 있었다. "사람답게 살고 싶어서", "그때는 멀쩡한 척하는 중독자라면 지금은 아프다는 것을 인정한 중독자", "아프다는 것을 인정하니 그 후 길이 보이더라" A의 답변에 회원들 모두 동의한다는 고개를 끄덕이는 것을 볼 수 있었다.

나는 길거리에서 허공에 욕을 하며 행인들에게 시비를 걸고 술병과 함께 나뒹구는 중독자와 직원처럼 보이는 중독자들에는 어떤 차이가 있을까 생각해봤다. 차이를 만드는 것은 '병식'과 '동기'였다. 개인위생, 영양 관리, 증상 관리, 의료시스템과의 소통 등 모든 기능은 이 두 요인이 선행된 이후에 사회적응에 필요한 요소들이다.

　내가 근무하는 이 기관의 과거 명칭은 광주시 요한 알코올 상담센터였다. 전국 최우수기관으로 보건복지부 장관 표창을 받았을 만큼 역사가 있고 조예가 깊은 기관이다. 기관의 성질이 알코올 상담이었기 때문에 대부분 대상자의 유형은 알코올중독이다. 나의 첫 대상자도 다른 선배들과 마찬가지로 알코올중독이었다.

　'첫 잔은 너무 많고 천 잔은 너무 적다.'
　나의 첫 대상자는 40대 중반의 남성으로 알코올 전문 병원에 입원해 전문적인 치료를 받고 지역사회 복귀를 위한 퇴원을 준비하는 대상자였다. 이 대상자는 중독으로 인한 입원은 처음이었다. 대상자가 재발 없이 지역사회에 적응하기 위해선 지역사회에서의 조력이 필요했고 나의 역할은 그렇게 정해졌다. 연락처와 개인정보를 인계받고 연락을 취했다. 대상자는 알코올 전문 병원의 치료 수준과 서비스에 만족을 느껴 병원의 모든 서비스를 신뢰하고 높은 만족도를 느끼고 있었다. 병원 서비스의 연장선에 있는 나는 역할에 부담감을 느끼지 않을 수 없었다. 나는 멘토 직원에게 초기 상담에 대한 교육과 도움을 받아 서툴더라도 진정성 있게 대상자와의 첫 유선 상담을 수월하게 진행할 수 있었고 대면 일정을 약속하며 상담을 마무리했다.
　중독관리센터는 예방이 최우선인 중독질환의 특성에 맞춘

SBIRT(Screening, Brief Intervention and Referral to Treatment)를 토대로 경제적이고 효율적인 상담을 통해 고위험군을 발굴하고 개입의 수준을 정한다. 나는 첫 대면 상담을 실수 없이 진행하고 싶은 개인적인 욕심과 기관에서 처음 고용한 작업치료사로서 첫 치료적 개입이라는 역사적인 의미를 생각하며 SBIRT를 숙지하며 상담을 준비했다.

일정에 맞춰 대상자를 만났다. 나는 노력의 결과로 초기 상담을 실수 없이 진행했고 대상자의 이야기를 들으며 정보를 차례대로 수집했다. 이 대상자의 성향은 근면하고 성실했으며 착했다. 농업, 도축, 운송, 생산업 등 할 수 있는 일은 다 해봤으며 사고로 입원하지 않는 이상 쉬지 않고 일했다. 입원하기 전 마지막 직업은 농수산물공판장에서 판매업을 했고 건강이 좋지 않은 어머니를 부양하며 어머니와 한 집에서 살고 있었다. 이혼했고 이후 딸을 한 번도 만나지 못했다고 한다. 대상자의 삶의 목표는 어머니의 건강을 챙기고 딸의 결혼 자금을 보태주기 위해 한푼 두푼 열심히 모으는 것이라고 한다.

이런 긍정적인 목표가 있는 대상자가 술을 마시는 이유는 여러 일을 전전하는 이유와도 연관이 있었다. 어딜 가더라도 인정받지 못하고 무시 받으며 정당한 처우 없이 근무했다. 전 직장과 관계가 좋지 않더라도 부탁을 거절하지 못하는 성격에 매번 이리저리 불려 다니며 손을 넣어주었지만, 다음에 한 번에 준다는 보수는 한 번도 받지 못했다고 한다. 사장들은 대상자의 성실과 근면이라는 강점을 악용했다.

사장들에게 이용당했다는 감당할 수 없는 배신감과 무능력함을 느끼고 성실하고 남을 도우며 살았던 자기 삶에 회의감을 깊게 느꼈다고 한다. 스트레스를 해소하고 아픈 기억을 잠시나마 잊기 위해 음주를 본격적으로 시작하게 됐다고 한다. 잠들기 전까지 음주하더라도 어머니 지인의 소개로 알게 된 직장이라 결근 없이 출근하고 했지만, 공판장 사장도 본인을 이용할 거라는 사고에 사로잡혀 문제없이 근무하고 있는 직장에 결근을 다짐했다.

대상자는 밤낮 가리지 않고 술을 마셨지만, 성심 좋은 사장님이 연락이 없이 결근한 대상자가 걱정됐는지 집에 찾아가 설득했고 알코올 전문 병원에 곧바로 입원할 수 있었다. 자신의 음주 생활로 건강에 문제가 생겼다는 사실을 알았지만, 병원에서 이뤄지는 정밀검사 결과를 통보받으니 건강상 결과가 좋지 않아 경각심을 느꼈고 치료의 동기가 생겼다고 한다.

H 씨는 음주 후 대리운전을 이용해 귀가했다. 다음 날 음주운전 신고가 접수돼 조사가 필요하다는 경찰서 연락에 대리기사와 동행해 조사받았다. 기억에는 없지만 주차된 차량을 본인이 다시 주차하는 모습을 CCTV로 확인했다. 음주로 발생하는 대표적인 인지 오류 증상인 Black Out을 경험하고 경각심을 느껴 방문하였다. H씨는 음주운전을 하지 않기 위해 차량을 판매했고. 현재는 보호자의 도움을 받아 절주

를 유지 중이다.

'승부사의 기질'

이 기관에서 얼마 떨어지지 않은 곳에 한국도박문제관리센터가 위치 해 있어 병적 도박 대상자가 의뢰되는 경우는 드물다. 다른 직원의 병적 도박 대상자가 마중물 프로그램에 관심이 있어 참여해보고 싶다는 요청이 있어 마중물 프로그램에 참여하기로 했다.

그렇게 나는 도박 중독자와 처음 만났고 얼마 지나지 않아 도박중독이 다른 중독과 어떤 차이를 보이는지 명확하게 알 수 있었다. 프로그램 시작 전 마중물 내에 새로운 식구가 적응하는 것을 돕기 위해 회원들의 근황을 묻고 농담을 주고받으며 어색하게 얼어붙은 분위기를 녹이고 있었다. 정서 지지 프로그램 시간에 병적 도박 대상자가 마중물에 오게 된 이유를 자연스럽게 개방했고 기존 회원들과 잘 어울리고 융화될 수 있겠다며 조심스럽게 기대했다.

또 다른 프로그램 시간, 신체활동 프로그램인 탁구를 했고 평상시와는 다른 프로그램의 분위기였다. 목소리를 높인 큰 소리가 났고 평화롭고 안정된 환경이 아니었기에 활동을 즐길 수 없었다. 큰 목소리의 주인공은 병적 도박 중독자였으며 본인이 탁구를 하고 있지 않더라도 훈수를 두며 다른 회원들의 탁구에 끼어들어 방해하기도 했다. 마중물의 필수 규칙을 어기며 내기를 제안하기도 하고 같은 팀원이 탁구를 하다 실수라도 하게 된다면 얼굴빛이 변하기도 했다. 경험하지 못했던 낯선 분위기에 회원들은 점점 웃음기를 잃고 괴로워했다. 스트레스를 받는 것처럼 보였고 프로그램이 빨리 끝나길 기다리고 있는 것처럼 보였다.

도박중독은 다른 중독과 비교하기에 '승리욕'이 남달랐다. 도박 중독자는 활동에 승부가 존재하면 온전하게 즐기지 못했다. 이런 성향으로 인해 종종 프로그램 내에서 '문제유발자'가 된다. 이들은 프로그램의 목적을 잊고 본인의 감정에 압도당해 이겨야만 하는 일종의 '게임'으로 임한다. 기관 내 몇 가지 규칙이 있다. 회원간 내기 금지, 금전거래 금지, 도박 중독자들은 내기나 도박 같은 승부로 사람을 만나고 승패 따위로 우열을 가리며 관계를 유지해왔기 때문에

이런 건전한 환경에서 사람을 사귀는 것에 한계를 느낀다.

약물에 관하여 많은 사례를 경험하지는 못했지만, 극단적인 두 분류로 나눌 수 있었다.

첫 분류는 '마약을 하는데 저래?' 두 번째 분류는 '마약 때문이구나.'

'마약 하는데?'

내가 처음 경험한 마약 중독자는 30대 초반의 남성이었다. 통화하며

들었던 목소리는 젊어 또래처럼 느껴졌고 말투는 신사다웠다. 그 후 오랜 시간이 지나지 않아 대상자를 만났고 내가 그간 경험했던 중독자들과는 전혀 다른 모습이었다. 청결한 개인위생에 정돈된 외관 술 냄새도 나지 않았으며 흔하게 거리에서 볼 수 있는 그냥 사람이었다.

인터뷰를 통해 대상자의 부모는 공장과 건물 몇 채를 보유하고 있는 재력가라는 정보를 알 수 있었고 흔히 말하는 '금수저'였다. 대상자는 성인이 되면서 중국으로 유학 갔다. 중국에서 만난 지인의 권유로 대마초를 처음 접했다고 한다. 대학을 졸업하고 돌아온 한국은 대마초가 없으니 모든 것이 무료하게 느껴졌을 것이다. 결국 유흥과 쾌락을 좇으며 살다 클럽에서 만난 지인의 소개로 대마초를 포함한 다수의 마약을 다시 접했다고 한다. 강력한 중독성과 버틸 수 없는 갈망감을 이기지 못해 마약을 다시 찾는 일을 되풀이했고 결국 마약을 찾아다니는 모습으로 변해가는 본인이 두려워 마약에서 벗어나기 위해 수년간 엉켜있는 법적인 문제를 풀기 위해 마약 관리법 위반으로 경찰에 자수했고 자발적으로 중독관리센터에 찾아왔다.

하지만 얼마 지나지 않아 상담에서 다소 거만한 태도로 '지금도 마음만 먹으면 저렴한 가격에 쉽게 대마초를 구할 수 있다.' 자랑하듯 이야기하며 '코로나 팬데믹 전에는 오전에 중국에 가서 마약을 하고 저녁에 귀국하는 일정을 자주 했다.' 덧붙여 자랑했다. 치료 관계에 있는 나에게 이런 주제를 먼저 꺼내는 당당한 태도에 나는 불쾌한 감정을 느꼈고 대상자가 재발했지만 숨기고 있다고 생각했다.

그 이후 얼마 지나지 않아 이 대상자는 연락처를 바꾸고 잠적했다.

'마약 때문이구나.'

40대 중반의 남성으로 법정 의무교육을 위해 법원에서 의뢰됐다. 법원에서 보내는 우편에는 대략적인 사건 경위와 대상자 혹은 보호자의 연락처가 기제 돼 있다. 나는 사건 경위를 읽고 마약사범이라는 사실에 잔뜩 긴장한 상태로 통화 연결을 시도했다. 긴장된 마음을 진정시킬 여유도 허락하지 않고 연결음이 몇 번 울리더니 통화가 연결됐고 내 딴에는 최대한 덜 어리숙한 척 연기하며 긴장된 목소리를 숨기려 노력했다.

그렇게 나는 숨죽인 채 인터뷰를 진행했고 시간이 지날수록 이 대상자가 뭔가 다르다는 것을 알 수 있었다. 대상자는 문장이 길어질수록 어눌한 발음을 숨길 수 없었고 어느 순간 나는 인터뷰 내용보다 대상자의 부정확하고 어딘가 어색한 발음에만 신경을 쓰고 있었다. 그렇게 간략하게 신상정보와 대면 상담 일정을 약속하고 상담을 마무리했다.

또 다른 날, 처음 대상자를 직접 만났고 외관을 가까이에서 관찰할 수 있었다. 물기 없이 건조하게 갈라진 피부, 얼굴 전체에 깊게 파여 선명한 주름, 총기와 초점을 잃고 말라버린 눈, 끊임없는 구토로 듬성 듬성 빠져버린 치아, 손등과 가려진 소매 밑으로 보이는 긁은 상처들 이러한 외관은 흡사 지옥을 걷고 있는 사람처럼 위태해 보였다. 대상자가 본인의 과거 사진을 보여줬고 이렇게 변하기까지엔 오랜 시간이 필요하지 않았다고 한다.

 중독 관련 전공 서적에 써진 글을 머릿속으로 그리며 이해했거나 누군가가 촬영한 사진이나 영상으로 봐왔던 부작용을 직접 보니 마약에 대한 두려움에 압도당했다. 이 대상자는 매주 다른 지역에 있는 전문병원의 전문 치료를 받고 있으며 약을 받아온다. 처방받은 약을 복용하지 않으면 마약 생각에서 벗어나지 못하고 피부에 불이 붙은 듯 참을 수 없는 고통을 겪는다. 음식을 먹으면 구토하고 모든 관절이 아파 자고 일어나도 개운하지 않다고 한다. 항상 피곤하고 언제 또 고통을 느낄지 모른다는 공포심에 항상 긴장하고 있어 성격도 매우 예민하고 공격적으로 변했다고 한다. 일정기간 상담을 진행했고 대상자에게 더 유익하고 도움이 될 수 있는 기관으로 의뢰했다.

'과학과 산업이 낳은 질병'

60대의 여성으로 부터 기관에 연락이 왔다. 이 연령대 여성은 대부분 신상정보를 숨긴 체 가족의 중독문제, 생계비 지원, 의료비 지원, 강제 입원 절차 등의 질문을 한다. 이에 대한 정보를 제공하며 응대하고 상담을 종료한다.

유선 상담을 진행하기 전 정보사용의 용도를 구두로 설명하고 동의를 얻어 이름, 연락처, 거주 지역 등의 개인정보를 수집한다. 이 과정에서 불이익이 생기는 것이 아니냐며 정보는 제공을 동의하지 않는 경우도 많다.

대상자가 본인의 이야기를 쉴 새 없이 쏟아내는 바람에 나는 정보 수집을 하지 못했고 수화기 너머로 들리는 목소리의 내용은 아들의 인터넷 중독에 관한 이야기였다. 30분 넘게 상담을 진행했고 이야기를 듣고만 있었다. 나에게는 질문할 틈은 없었고 일방적인 소통에 회의에 참석한 서기가 된 기분이었다. 그렇게 30분 전에 수집했어야 할 개인정보를 상담 마무리 전에서야 밀린 숙제를 끝내듯 다급하게 질문했다. 이 대상자는 한 치의 의심과 편견도 없이 모든 정보를 흔쾌하게 제공해 줬고 다음 상담을 약속할 수 있었다.

첫 대면 상담은 특별한 이유가 없다면 대상자가 기관으로 찾아오는 형태인 내소상담으로 진행한다. 하지만 대상자는 아들이 초등학교에 입학도 하기 전에 남편과 이혼했고 아들과 둘이 살고 있어 집을 오래 비우기 여의찮다는 개인사에 첫 대면 상담을 가정방문으로 약속했다. 아들이 공격적인 태도를 보일 수 있다는 정보를 듣고 나는 체격이 큰 사회복무요원과 함께 가정방문 출발했다.

아파트 앞에서 환한 웃음으로 마중 나온 대상자는 마트나 시장에서 흔하게 볼 수 있는 외관의 여성이었다. 나와 공익요원은 현관문이 가까운 자리에 앉았고 문을 한 뼘가량 열어뒀다. 거주 환경을 살펴봤다. 하단이 깨진 TV와 샌드백이 눈에 들어왔는데 샌드백을 유심히 보니 날카로운 무언가에 심하게 찔려 훼손된 자국이 선명했다. 베란다에는 초록색 테이프로 다리가 칭칭 감겨 고정된 의자가 있었고 화장실 문은 어제 교체된 것처럼 깨끗해 보였다. 방문 하나가 굳게 닫혀 있었는데 닫힌 방의 주인은 아들이었고 상담이 끝날 때까지 끝내 나오지 않았다.

그 방의 주인은 20대 중반의 대학생으로 자는 시간을 제외하면 인터넷 게임을 하거나 인터넷 방송을 시청하며 하루를 보낸다고 한다. 대상자는 아들이 대학으로 돌아가 사회 생활하는 것은 본인의 큰 욕심이라 생각해 이제는 바라지 않는다며 인터넷 사용을 할 때 돈을 쓰지 않았으면 좋겠다고 호소했다.

매달 인터넷 사용의 부가적인 비용인 소액결제는 오만 원 이내라 눈 감고 넘어갔지만, 몇 개월 전부터 과금으로 사용하는 비용이 수십만 원을 넘어가기 시작했고 매일 시켜 먹는 배달 음식 비용도 이제는 감당할 수 없어 소액결제를 차단하거나 인터넷을 끊는 방법 등을 사용했지만 오히려 역효과만 나서 집에 있는 물건들을 부수는 등 폭력적인 행동을 보였다고 한다.

게임에서 지거나 인터넷 방송 BJ가 개인 사정으로 방송을 쉰다고 하면 폭력적인 모습을 보였고 이는 점점 심해졌다고 한다. 대상자는 아들이 본인까지 해칠까 무서워 화날 때 분 풀라며 샌드백을 사다 놨는데 칼이나 송곳 따위로 찌르면서 욕을 하는 폭력적인 모습을 볼 때마다 두려워 기관에 도움을 청했다.

대상자의 아들은 남자 직원의 사례관리는 원하지 않아 여자 선생님이 사례관리 서비스를 제공하고 있다. 항상 나와 동행하거나 여의찮다면 사회복무요원과 동행한다.

나는 인터넷 중독 대상자들을 만나며 상담 내용을 정리할 때 종종 어지러운 공상에 빠진다.

과학은 인류의 편의와 건강과 안전 등을 개선하지만 오히려 필요 이상의 편의는 인류의 생활 습관을 바꾸고 인간의 강점인 소통과 사회성을 잃게 해 장애의 원인이 될 수도 있겠다고.

이러한 예시가 인터넷 중독 즉 인터넷 사용 장애라 생각한다. 과학은 산업이 되고 산업은 문화가 된다고 생각한다. 인터넷 산업의 필요 이상의 발전은 인류의 의사소통 및 사회적 능력에 부재를 만들어 건강한 의사소통을 막고 결국은 장애를 만드는 큰 요인이 아닐지 생각해 본다.

연령별 중독자

소아 청소년

중독예방 교육의 효과는 올바른 지식과 정보를 전달해 중독에 대한 경각심을 일깨워 중독 매체 노출과 조기 발병을 예방할 수 있다. 이처럼 중독질환은 예방을 통해 발병률을 낮출 수 있고 소아 청소년에게 교육의 효과는 다른 연령대와 비교하기에 효과가 좋고 경제적이기 때문에 중요한 업무라고 할 수 있다.

내가 경험한 소아 청소년의 대부분은 예방 교육을 통해 만났다. 나는 업무 목적으로 이 아이들에게 간단한 설문조사를 했고 술에 관한 몇 가지 정보를 확인했다. 아이들도 성인과 유사한 점이 있었다. 초등학생임에도 고학년으로 갈수록 알코올을 접해본 아이들이 눈에 보이는 큰 폭으로 증가했다. 경각심을 잃은 술 한 잔이 미래에 중독이 돼서 돌아온다는 점을 잊지 않았으면 한다. 소아 청소년의 보호자는 술을 더욱 경계 해야 한다.

중독에 노출이 이를수록 중독에 빠지기 쉽다. 그 이유는 성인과 비교하기에 뇌가 미성숙해 중독성 자극에 취약하기 때문이다. 또한 소아 청소년은 중독물질에 노출되거나 중독행위를 경험했을 시 타 중독으로 이환 될 위험성이 높다. 중독질환은 성장기부터 점진적으로 진행되며 중독질환은 조기 발병 시 예후가 좋지 않아 고위험군을 선별해 예방에 집중해야 한다.

　소아 청소년의 주된 중독문제는 인터넷이며 스마트폰 보급률과 함께 상승했다. 이는 도박 및 지능 범죄와 관련 있어 국가와 사회의 관심이 필요하다. 간혹 청소년의 인터넷 사용 문제로 기관에 문의하는 보호자들이 있다. 통화로 상담을 진행하다 대면 상담을 위한 절차상 개인정보를 물으면 행여나 기록이 남아 자식에게 피해가 생길까 황급히 전화를 끊는다.

　청소년 또래로 구성된 집단은 모든 중독의 강력한 위험요인이다. 성인 대상자들의 성장 과정을 본다면 사춘기에 친구를 사귀며 일탈을 즐기기 위한 동기로 음주를 시작한 사례들도 많다. 소아 청소년의 물질중독은 ADHD, 품행장애, 기분장애 등 정신적 공존 질환을 만들어 학업과 인격에 문제를 만든다. 소아 청소년은 중독문제를 해결하기 위해선 공존 질환을 우선 치료해야 하며 정신적 정상 발달을 항상 고려해 접근해야 한다.

젊은 중독자

　내가 경험했던 대상자들의 사례를 들어보면 모두 마음 아프고 속상하지만, 젊은 대상자들은 특히 더 기억에 남고 마음이 간다. 이들의 성장 과정과 환경을 들어보면 가정환경에 잘못된 음주 문화가 자리 잡고 있다.

 잘못된 음주 문화는 어떤 피해가 발생하는 사건이나 사고를 말하는 것이 아니다. 성장 과정 중 가정 내의 음주 상황을 목격하거나 경험한 빈도, 혹은 술을 마실 수 있는 환경에 노출된 빈도 등을 말할 수 있다. 이런 술이 익숙하고 술에 관대한 가정환경 속에서 성장하는 아이들에게 발생하는 문제는 다양하다.

 이러한 잘못된 음주 문화를 통해 간접적으로 경험하고 목격하며 무의식적으로 학습한 것은 '희로애락'에는 항상 술이 함께 한다는 것이다. 이런 잘못된 학습은 축하와 슬픔의 상황에 술을 찾게 만드는 학습이 되기도 한다. 청소년 시기가 되면 또래보다 이른 나이에 부모님에게 술을 배워 부모님의 술친구가 되기도 한다. 술은 부모님에게 배우는 게 좋다고 하지만 건전 음주, 조절 음주를 모르는 잘못된 가르침은 폭음의 원인이 된다. 음주를 항상 집에서 하니 귀가에 대한 걱정 없이 만취할 때까지 마시는 게 습관이 형성된다. 이런 잘못된 가정 내 음주 문화는 적당히 잘 마시는 건전 음주가 있다는 사실을 모른다. 또래보다 술을 일찍 접해 친구들에게 술을 권유하고 술자리를 주도하는 사람이 된다. 이들이 기관에 오게 될 때는 지인의 권유로 오거나 법적인 문제를 마주했을 때이다.

그래도 긍정적인 대상자들은 일찍 본인의 문제를 인지하고 중독질환 이해했다며 긍정적으로 받아들이는 사람이 있는가 하면, 괜한 걱정 했다며 생각보다 복잡하고 어려운 일 아니라며 가볍게 여기는 사람들도 있다.

중년의 중독자

내가 근무하며 가장 많이 접한 연령대이다. 젊은 중독자가 알코올중독에 대한 병식 없이 오랜 시간 방치된다면 재발을 반복하는 만성 중독자가 된다. 만성 금단증상과 사회에서 문제를 만들고 치료를 받게 된다. 이들은 어린 시절부터 가정환경 그리고 부모, 친구, 알코올중독의 고위험군으로 지낸다. 이들의 가정사와 성장 과정을 면밀하게 들어보면 부모의 버림, 음주로 인한 가정폭력, 또래의 괴롭힘, 사내 괴롭힘 등 부정적인 사례를 겪은 이들도 자주 볼 수 있다.

이런 부정적인 사례들을 경험하며 정서적 소진을 오랜 시간 겪거나 감당할 수 없는 큰 스트레스 속에서 사회생활을 한다. 하지만 중독자들은 스트레스를 건강한 방법으로 해소할 수 있는 능력이 없기에 술을 마시며 이런 상황을 모면하고 위로한다. 이 과정은 술에 의존하는 습관을 만들고 습관이 강해지게 되면 사소한 경우에도 술을 찾는다. 알코올 의존은 부정적인 감정을 해소하는 것이 아닌 즐거움을 주는 요소로 착각하게 만들고 술과 더 가까워지도록 한다.

이들이 중독의 끝자락에 있게 된다면 금단증상, 신체적 혹은 정신적 건강 이상, 주변 사람들과 갈등, 법적 문제에 마주하게 된다. 주변에 있는 사람은 결국 같은 처지의 중독자 혹은 직계 혈족이나 배우자 즉 부양의무자이다. 결국 가족과 지인의 권유, 지역사회기관의 의뢰로 기관에 오게 된다.

노년의 중독자

일생을 가정과 직장을 위해 헌신하며 살아온 사람에게 퇴직과 자식의 독립은 삶에 큰 공백을 만든다. 일과 시간에 집에 있으니 시간을 어떻게 보내야 할지 방황한다. 결국 삶이 무료해 술에 손을 댄다. 한 잔이 두 잔이 되고 반주가 되고 술이 일상이 된다.

아침에 눈을 뜨면 빈속에 술을 마신다. 점심에 되면 해장하며 반주를 마신다. 저녁에 잠들기 전에도 취기와 함께 잠든다. 이처럼 개인 시간이 많은 노년은 중독에 빠지기 쉽다. 노년기의 음주는 고혈압이나 당뇨와 같은 지병의 영향으로 심장에 무리를 주어 혈액 공급에 문제를 만들기 때문에 훨씬 치명적이다.

여성 중독자

내가 근무하는 기관에서 여성 중독자의 비율은 그리 높지 않다. 기껏해야 10명 중 1명 정도의 비율이다. 여성 중독자에게 평가와 인터뷰를 하다 보면 여성 중독자의 공통적인 특징들을 알 수 있었다. 남성 중독자의 중독은 오랜 시간 길게는 몇십 년 이상 음주 문제를 지속하며 진행된 점과 비교하기에 여성 중독자의 중독은 최근에 시작됐다.

여성은 중독자가 되기 힘드냐면 그것도 아니다. 생리적으로 여성은 남성보다 신체 수분율이 더 낮고 알코올 탈수효소도 더 적기 때문에 알코올에 더 취약하다. 이는 같은 양의 술을 마셔도 남성보다 여성의 혈중알콜농도가 더 높게 나타나게 하며 강박적으로 중독물질 사용을 하기까지의 경과가 남성 중독자보다 짧은 이유이기도 하다.

여성의 경우 '술에 취한 여자'라는 손가락질 섞인 사회적 분위기와 편견으로 인해 여성 중독자는 중독임을 부정하거나 숨기려 한다. 이는 도움이 필요하더라도 비난과 비판이 두려워 치료에 대해 소극적인 태도를 만들어 치료의 적기를 놓치게 한다. 이러한 여성 중독자에 대한 처우와 환경을 생각해 기관에서 여성만을 위한 치료공동체 '여당당'을 만들어 운영한다.

내가 처음 경험한 여성 사례이다. 20대 중반의 여성으로 J 씨는 조절 음주를 하지 못한다. 항상 3차 4차를 가고 본인의 필름이 끊겨야 술자리가 끝난다. 이런 J 씨의 음주 습관은 회식 자리에서도 보인다. 주변에서 음주를 말리지만 말리는 과정에서 종종 다툼이 생기기도 한다. 그리고 큰 문제는 음주 이후 다툼이 생기면 손찌검을 한다는 것이다. 어느 날 남자친구와 술을 마시고 사소한 다툼이 생겼다. 크게 싸우지도 않았는데 남자친구의 뺨을 때렸고 대화로 해결하지 못하고 남자친구를 때린 것에 죄책감을 느끼고 있었다. 남자친구는 음주 습관에 문제가 있음을 가볍게 생각하지 않고 상담을 권유해 방문하였다. 관련 평가를 통하여 중독 진행단계와 병식에 대한 정보를 제공하였다. 지금은 절주를 유지하고 있다.

A.A.

전국 각지에 익명의 알코올 중독자들 모임인 A.A (Alcoholics Anonymous)가 있다.

익명성이 보장된 환경에서 각자 술 문제의 경험담을 나누고 지지하고 격려하며 서로에게 선한 영향력을 전하는 역사 깊고 전통 있는 모임이다.

이 일을 하며 중독에 대한 다양한 경험은 회원들을 이해하는 데 필요한 것이기의 모임에 참여해보았다. A.A 모임은 공개 모임과 비공개 모임으로 운영이 된다. 나는 운이 좋게도 두 모임 모두 참여를 할 수 있었고, 기대했던바 이상의 경험이었고 그 후 종종 그 모임에 참여하였다.

그 자리에서 나는 많은 이야기를 들으며 다양한 알코올 중독자의 삶을 간접적으로 경험할 수 있었다. A.A에 참여한 중독자들의 공통점은 음주로서 저질렀던 본인의 과오를 받아들이고 중독자 시절 힘들었을 가족들, 주변 지인, 그리고 자신에게 사죄하는 마음으로 나날을 단주 첫날이라 생각하고 단주를 유지한다는 점이었다. A.A.의 규칙 중 하나는 모임 현장에서 들은 이야기는 A.A. 장소에 남기는 것이 중요한 약속이다. 독자분들의 넓은 마음으로 양해를 부탁드린다.

이렇듯 일상생활을 할 때는 아무런 문제가 없다가도 음주로 인한 법적인 문제가 발생 된 후 도움이 필요하여 센터에 방문하는 사람들이 많이 있다. 중독질환도 다른 질환과 마찬가지로 전문가의 개입이 빠를수록 예후가 좋다는 것을 반드시 알아줬으면 좋겠다.

중독에 빠지는 이유

중독자도 일반 사람들과 다르지 않다 사랑하는 가정도 있고 열심히 일할 직장도 있었지만

중독의 만성화가 진행되면서 삶에 황폐화가 진행되고 점차 주변 모든 것을 잃게 된다.

중독질환이 생기는 이유는 한가지 요인으로 생기는 질병이 아니며 생물학적, 심리적, 사회적 요인들이 복합적으로 작용해 발병된다.

생물학적 이야기로 중독을 논할 때 빠지지 않고 나오는 주제는 '항상성'과 '학습' 그리고 '내성'이다. 항상성은 어떠한 행동을 하도록 동기를 만든다. 예로 혈당이 저하되면 배고픔을 느끼고 '욕구'가 생긴다. 항상성을 회복하기 위한 '욕구'는 음식을 찾는 '행동'을 만들고 행동은 소비를 유도한다. 이 과정의 결과는 쾌감을 준다. 항상성 회복은 개인의 자유처럼 보이지만 욕구의 강요를 이기지 못한 행동이기도 하다. 하지만 중독물질 소비는 화학적 반응에서 오는 일시적인 쾌락과 욕구해소를 이룬 쾌감을 줄 수 있지만, 항상성 회복과는 관계가 없다.

학습이란 어떠한 행동과 결과 사이에 나타나는 것이고 학습이 이루어지면 행동하도록 만든다. 가장 유명하다고 할 수 있는 학습에는 두 가지가 있고 고전적(파블로브) 조건화와 조작적(도구적) 조건화이다. 고전적 조건화는 종소리(조건자극)가 울리면 먹이(무조건자극)가 떠올라 침을 흘리는 파블로프의 개가 대표적인 예이다. 조작적 조건화는 의도적인 행위(레버 누르는 것)를 한다면 보상(먹이)함으로써 특정 행위를 강화하거나 소거하는 학습이다. 하지만 학습으로 소거된 행동은 학습하지 않은 것으로 돌아가는 것은 아니다. 학습이 지워지는 것이 아닌 새로 학습한 것이고 비언어적인 학습은 특별한 이유 없이 소거된 행동이 나타나기도 한다. 이는 중독에서 재발이 잦은 이유이기도 하다.

추가로 이해를 돕자면 고전적 조건화는 자극이 자극을 만드는 자동적 반응이며 조작적 조건화는 행위가 결과를 만드는 의도적인 행위를 뜻한다. 중독자들에게 학습 효과는 빗소리에 막걸리, 삼겹살에 소주, 튀긴 음식에 맥주를 생각나게 만들고 술친구의 전화에 거절하지 못하고 술자리로 가는 행동을 만든다.

'동기'도 중독을 만드는데 중요한 요소이다. 사람들과 잘 어울리기 위해, 우울함과 외로움을 잊기 위해, 한 번에 큰돈을 만지기 위해, 괴로운 현실을 잊기 위해, 이처럼 다양한 '동기'가 있다.

시작은 해방감과 쾌락을 위해 술을 찾는다. 음주 내성이 생겨 주량이 늘어나고 음주의 횟수가 늘어난다. 반병이면 취했던 술이 두 병을 마셔도 취하질 않는다. 중독이 진행되면 혼자 술을 마신다. 왜 이렇게 술을 자주 마시냐는 가족과 지인의 잔소리에 음주 사실을 숨기고 숨겨놓고 몰래 마시기도 하며 술을 못 마시게 하면 폭력성을 보여 가정폭력이 발생 된다.

음주는 사교와 친목 자리의 분위기를 부드럽게 한다. 이러한 기능을 이용하는 것을 '사교 동기'라 한다. 일상생활에서 중독질환으로 발생되는 문제는 겉으로 보이는 중독 증상의 빙산의 일각이며 이들이 중독에 빠지는 근본적인 문제는 일상생활을 하며 친목과 소통에 어려움을 겪고 감정적인 이야기를 하거나, 중요한 결정을 할 때 술에 의존하고 있을 가능성이 있다. 중독자는 술과 같은 중독 매개체가 없으면 사람과의 소통에 어려움을 겪는다.

현실의 스트레스를 건강하게 해소하지 못하고, 중독행위를 찾는 것을 '회피 동기'라 한다.

중독행위를 하는 당시는 문제를 잊고 회피할 수 있지만, 스트레스를 가져왔던 근본적인 문제가 해결되는 것은 아니다. 스트레스 상황마다 건강하게 해소하지 못하고 이를 반복한다면 중독에 빠지기 쉽다.

도박으로 쉽게 돈을 벌거나, 큰돈을 벌어본 경험이 있거나, 누군가의 도박 성공 사례를 보거나 들은 적이 있다면. 이를 '금전 동기'라 한다. 이렇게 직접적으로 혹은 간접적으로 도박의 환상에 취해있으면 큰 금액에 대한 현실 감각을 잃을 수 있다. 큰돈을 얻기 위해 도박을 계속 시도하고 빚더미에 쌓이게 된다, 올바른 돈에 대한 가치관과 태도가 없다면, 다시 도박으로 빚을 해결하려 한다.

앞서 말한 동기들을 제외한 유희, 쾌락 등 다양한 동기들이 존재한다. 중독자들은 모두 '때문에'라는 이야기를 입버릇처럼 말하며 정작 본인이 원해서 하는 것은 아니라고 한다.

재발

재발을 일으키는 요인들이 있다.

알코올 사용 장애의 환자들이 단주를 유지하고 있지만, 개인의 의지와는 상관없이 우연히 알코올을 접한 뒤 재발이 되기도 한다. 이를 '점화효과'라 한다. 실제로 회원 중 오랜 술친구를 만났고 친구에게 술 끊었다고 단호하게 말했지만, 친구의 짓궂은 장난은 물잔에 소주를 따라놓고 마시기를 기다렸다. 본인의 의지와는 상관없이 알코올을 다시 마신 순간 세상이 뒤틀린 듯 자신을 제어할 수 없었고 계속 음주하게 될까 무서워 자리를 급하게 나와 집으로 갔다고 한다. 또는 맛있는 음식을 보면 자신도 모르게 술을 생각하는 학습 효과의 일종인 '큐', 잦은 재발로 치료의 동기를 떨어뜨려 재발에 빠지게 만들고 치료의 효과를 부정하게 만드는 '나선형 고통' 등 알코올 중독자는 재발을 위협하는 환경을 항상 점검하고 자신을 의심해야 한다.

재발의 정의는 아직 명확하지 않다. 하지만 치료공동체 마중물은 재발을 중독물질이나 행위를 중단한 이후 다시 시작했거나 하지 않았거나로 구분한다. 어찌 보면 꾀나 이분법적으로 정의했다. 그 이유는 마중물의 목표 중 중요한 한 가지는 재발을 예방하는 것이기 때문에 모호한 정의를 뒤로하고 이분법적인 시각으로 재발을 관리한다. 이처럼 엄격하게 재발을 관리하는 이유는 중독에서 재발이란 경각심을 놓쳐 방심하는 순간 발생하기 때문에 경각심을 항상 고취해야 한다.

알코올중독으로 예를 들어본다면 '일회성 음주', '반복적 음주' 일회성 음주는 말 그대로 딱 '한 잔'이다. 이것을 '실수'라고도 한다. '반복적 음주'는 한 잔이 아닌 반복적으로 음주하는 것이고 마중물에서는 이를 모두 '재발'이라 한다.

단주를 유지하는 중독자가 음주 행위를 다시 시작하는 건 한순간에 결정되는 것이 아니며 마지막 도미노가 무너진 것이다. 중독자가 다시 술을 마시고 있지 않더라도 재발과정의 신호를 느낄 수 있다. 예를 들어 지인과 문제, 금전적인 문제, 태도와 기분의 변화, 청결 및 위생 상태에 부정적인 변화가 보인다면 재발의 과정이라고 볼 수 있다.

재발의 과정에 있는 중독자들은 과거 음주 생활을 했던 거리를 서성이며 과거를 그리워하거나 본인을 시험해보려고 한다. 또는 단주를 돕는 사람들과 의도적으로 멀어지거나 일회성 음주를 하더라도 이 사실을 주변에 숨긴다. 이런 요인들은 재발의 중요한 단서이기도 하다.

마중물이 정의하는 재발과 마중물 회원들이 주장하는 재발의 차이는 중독물질과 행위에 대한 '남용'에 있다. 쉽게 말해 마중물의 기준은 '절주'이며 회원들은 '조절 음주'이다. 하지만 중독도 과정이 있듯 재발에도 과정이 있다.

중독질환에서의 과정은 통제력 상실이고 결과는 삶의 황폐화라면 중독재발에서의 과정은 다시 중독물질과 행위를 찾게 만드는 행동과 삶의 변화이고 결과는 재발이다.

입사 후 얼마 지나지 않아 마중물 회원들은 뜨거운 토론을 나눴고 주제는 '재발'이었다. 중독질환을 이겨내고 목숨을 지키기 위해 공부하는 중독자들의 학구열은 엄청났다. 그들의 경험은 중독질환에 대한 이론을 습득하는데 충분한 거름이 됐고 이 요건들은 중독자 모두를 전문 패널로 만들었다.

얕은 지식을 가진 나의 역할은 사회자였다. 뜨거운 토론의 열기를 식히기에 나의 진행 능력과 경험은 턱없이 부족했다. 나는 역할을 서툴게 수행하며 중독을 직접 경험하는 중독자들의 재발에 대한 견해를 들으며 앉아 있을 수밖에 없었다.

대부분 주장은 과거처럼 폭음하지 않고 조절 음주를 하거나, 술을 마신 이후 문제를 만들지 않거나, 술이 있는 환경 속에서 유혹을 뿌리칠 수 있거나, 병원에 입원할 만큼 마시지 않거나, 스트레스 상황 속에서 술을 찾지 않거나, 이러한 조절 행동을 보인다면 재발이 아니라고 모호한 기준을 각자의 경험을 자랑이라도 하듯 정의하고 있었다.

다양한 이야기가 오가는 중 나를 당황하게 만든 이야기가 있었다. 음주의 유무로 재발을 구분 지어 모두에게 적용하는 것은 오히려 스트레스가 돼 재발요인이 된다는 당시의 나로서는 터무니없는 이야기였다. 나는 당황한 표정을 숨기지 못했고 화자 입장은 아주 틀린 주장은 아니지만 듣는 청자 입장은 술을 못 마시게 하면 스트레스를 받아 술이 더 마시고 싶어진다는 이야기처럼 들렸다.

 글을 쓰고 있는 지금도 턱없이 부족하지만, 조금이나마 성숙해진 지금의 마음으로 과거의 진행자로 돌아갈 수 있다면, 구겨진 표정을 감춘 체 어색하겠지만 최대한 밝은 웃음을 보이며 '이렇게 까다로운 이유는 선생님들을 믿더라도 술은 믿지 못하기 때문이다.'는 말을 전해주고 싶다.

만성 알코올 중독자

 만성 중독자와 소통해보면 부정적인 방어기제를 사용에 능해 부정의 벽으로 느껴질 때가 있다. 이들이 주로 사용하는 방어기제는 합리화, 부정, 외향화, 최소화, 회상, 억압이다. 알코올중독자 중 상당수가 가족이나 형제를 원망히고 본인이 중독자가 되고 지금도 술을 끊지 못하는 원인을 본인이 아닌 타인에게 투사하며 자신을 보호한다.

 이들은 합리화에 능해 자신이 술을 마시는 것을 정당화한다. 술은 누구나 마시며 술을 마시는 것은 다 이유가 있다. 그 일만 아니었으면 술을 마시지 않았다며 합리화를 한다. 자신을 불쌍하게 여기고 세상은 불공평해 어딜 가더라도 항상 피해만 본다고 생각한다. 공격적인 태도를 보이고 항상 의심한다. 낮은 자존감으로 손해 보는 것을 싫어해 자기중심적이고 경쟁적이다.

내가 경험한 만성 알코올 중독자들은 아침에 눈을 뜨면 동네 마트가 문을 열었는지부터 생각한다고 한다. 술을 사야 하기 때문이다. 밤새도록 술을 마시고 그것도 부족하여 누군가 깨워 억지로 일어나듯 일어나 금단증상과 갈망감을 버티다 또 술을 찾는다. 사람의 눈을 피해 새벽에 나가 술을 사서 들어온다. 알코올중독자인 자신을 사람들이 미워하고 더럽다고 생각한다는 사고를 하고 있다.

나는 이곳에 입사했을 때 알코올 중독자들의 금단증상에 대해 이해하지 못했다. 흔히들 아는 수전증, 불면증을 제외한 그 외 금단증상의 존재도 알지 못했다. 이곳에서 근무하며 만성 알코올 중독자들은 금단증상의 소거를 위해 음주를 한다는 것을 알 수 있었다.

침대에 누워있으면 연예인이 보이고, 벌레가 허벅지를 따라 몸으로 올라오는 느낌을 겪는다. '빨리 창문으로 뛰어내려'와 같은 환청을 듣기도 하고, 기억력에 현저한 느끼고. 나를 잡으려 누군가 집 밖에 숨어 있어 집을 나갈 수 없다는 피해망상도 겪는다. 간혹 없는 기억을 무의식적으로 왜곡해 말을 지어내는 '작화증' 증상을 보이는 대상자들도 있다.

만성 알코올중독자의 고통은 진짜이다. 최대한 빨리 전문 병원에 입원하여 알코올 전문 치료를 받아야 하는 이유이다.

중독자에게 보호자의 유무는 중요하다. 대부분의 만성 중독자는 술로 인해 직장을 잃고, 이혼해 가정이 없다. 이러한 중독자를 보살펴 줄 사람은 직계존속뿐이다. 만성 알코올중독자의 기초생활 수급비의 대부분은 술값으로 사용하고 생계비는 부모의 몫이다. 중독자가 입에 달고 습관처럼 하는 말은 '오늘만'이다. 부모님은 자식이 미워도 '오늘만'이라는 말에 속아 매일 아침 해장국을 끓인다.

중독자의 방에는 며칠 동안 수십 병의 술병이 쌓인다. 부모님과 함께 사는 환경이라면 치우는 건 부모님의 몫이다. 매일 쌓이는 술병을 치우는 부모의 마음은 쌓여있는 술병의 수만큼 속상하고 답답할 것이다. 그래도 가족과 함께 사는 환경은 비교적 괜찮다. 보호해 줄 가족이 없다면 중독자는 술 마시는 것 말고는 아무것도 하지 못한다. 술병과 함께 나뒹굴고, 눈치 볼 사람도 없어 씻지도 않고 억지로 식사를 챙겨주는 사람이 없어 영양 상태도 좋지 않다.

중독자가 술을 마시는 이유

중독자들에게는 중독행위가 그들에게 익숙하고 편한 행동이다. 만성 중독자가 되는 과정에서 모든 행동의 목적은 중독행위가 되면 중독자는 다른 사고를 갖게 된다. 우리는 평소 맛있는 음식을 먹거나 본다면 맛있게 먹을 생각을 하거나, 가족이나 친구를 떠올리기도 한다.

하지만 중독자들은 음식과 어울리는 술부터 생각한다. 이처럼 중독자에게 술은 본인에게 가장 익숙한 행동이다. 또는 기쁠 때, 슬플 때 등 감정을 해소할 돌파구를 술에서 찾는다.

사람마다 익숙하고 편안한 활동은 다르다. 그 활동이 커피, 스포츠, 독서 등 각자 다른 활동들이 있는 것처럼 중독자는 혼자 술을 마시거나 술자리에서 사람들과 어울리며 술을 주고받으며 이야기를 나누는 것이 가장 익숙하고 편안한 활동이다. 내가 경험한 사례 중 기억에 남는 사례가 있다. 이 대상자는 중독전문병원에서 의뢰된 사례이다. 통화와 병원 사례 담당자를 통해 수개월 소통하였고 퇴원 후 대면으로 만났다.

이 대상자는 입원 당시 거동이 불편했지만, 독립적인 보행이 가능해지자 재활 목적으로 집에서 기관까지 편도 3KM 이상의 거리를 걸었다. 힘들지 않냐고 묻자 요즘 가장 즐거운 활동이라며 이야기해 나는 긍정적으로 지지했다. 그렇게 수개월 대면 상담을 진행했고 어느 날 대상자에게 술 냄새가 났다. 그 당시는 내가 예민한 것이라 가볍게 생각하고 넘어갔지만, 바로 다음 대면에 또 술 냄새가 났다.

대상자는 전날 먹은 술의 숙취라 일관된 주장을 보였고 알코올이 체내에 분해되는 시간은 개인차가 있지만, 평균 소주 1병에 10시간이 걸린다는 점을 대상자와 대면하는 시간에 생각해 보면 대상자의 주장을 의심하지 않을 수 없었다. 음주측정기를 보이며 음주 사실을 재차 질문하니 이실직고했다. 재활 운동 전 소주 한 병의 음주 이후 술기운으로 운동하는 것이 더 잘된다고 했다. 나는 술을 마시기 위한 핑계라 생각해 직면했지만 결국 한 달도 안 돼 대상자는 음주 재발로 다시 입원했다.

중독자는 음주 이후 발생하는 부정적인 결과를 인지하고 있음에도 필연적으로 이유를 만들어 술을 마신다. 이런 사례를 접하니 중독자에게 건전 음주는 없다는 것을 다시 느낄 수 있었다.

알코올 중독은 본인의 문제로만 끝나지 않고 후세에도 연장된다. 유전적 요인을 안고 알코올 문제가 있는 가정 문화 속에서 성장하기 때문이다. 중독은 당사자 본인뿐만이 아닌 중독자 본인과 가족 가까운 지인까지 모두 고통받는 질환이다. 가족 구성원이 날마다 술을 마시면서 병들어가는 모습을 보는 것은 고통일 것이다.

중독이 일상생활에 직접적인 문제가 나타나기까지는 오랜 시간이 걸린다. 중독자는 결국 문제를 가족 관계까지 끌고 와서야 단주를 시작한다. 중독자는 술을 참기 위해 최선을 다한다. 중독자는 초기 금단 증상으로 기억을 못 한다거나 사소한 실수를 하기도 하며 환각 증상으로 혼잣말하고 불면증을 겪는다. 이런 금단증상에 대한 지식이 없는 가족 구성원들은 중독자가 몰래 술을 먹어 문제가 생긴 것이라며 의심하고 경계한다. 의심하고 경계하는 이유는 오랜 세월 가족 관계 문제의 원인이었던 중독자를 대했던 그들의 익숙한 패턴이다. 이러한 패턴은 중독자의 재발을 만드는 스트레스 요인으로 작용한다.

상처에 직면한다는 것은 누구에게나 두렵고 무서운 일이다. 중독자는 단주를 일정 기간 유지하게 된다면 이성적으로 가정을 바라본다. 술 정신에 저질렀던 가정 내면의 상처와 처참한 현실에 직면하고 이후 중독자는 밀려오는 죄책감을 이기지 못하고 별거를 선택하기도 한다.

중독은 가정에 문제를 만들었다 문제를 해결하기 위해 단주를 한다고 해서 가정의 문제가 해결되지 않는다. 중독자의 단주 시작과 동시에 가족이 함께 나서서 도와야 하는 이유이며 중독을 가족 병이라 부르는 이유이기도 하다.

중독자와 함께 산다는 것은 정신적인 트라우마를 만들고 가족 관계도 중독의 여파를 회복하는 것은 중독자가 중독을 회복하는 시간만큼 오래 걸린다. 가족은 중독자가 술만 끊으면 예전과 같은 일상을 기대한다. 하지만 현실은 술을 끊어도 가족이 기대했던 예전과 같은 일상은 기대하기 힘들다. 그 이유는 술을 먹지 않는 중독자는 예측 불가능하며 항상 술을 먹고 폭력적인 모습을 보이거나 신경질적인 모습을 보였던 중독자의 멀쩡해 보이는 모습이 낯설고 다른 사람처럼 느끼며 모든 상황을 어색하게 느끼기 때문이다.

외상이 심하거나 지병 같은 경우는 가족 구성원 전체가 치료에 적극적인 모습을 보이지만 중독은 그렇지 못한다. 가족도 그럴 수 있지라는 생각으로 수수방관하는 경우가 다분하다. 이는 중독이라는 병을 키워 가족에게도 큰 해를 입힌다. 병을 깊게 만든 것에 일조한 가족의 안일한 태도의 변화를 위한 가족 교육을 진행하고 항상 각인시키는 주제는 '냉정한 사랑'이다.

병을 깊게 만든 것에 일조한 가족의 안일한 태도는 점점 심해지는 중독자의 행동을 견디지 못하고 중독자를 입원시키는 경우도 많다. 하지만 병식이 없는 알코올중독자를 입원시키는 것은 일시적인 도피처일 뿐이다. 대부분 가족은 대상자가 입원을 원치 않았지만, 강제로 입원시켰다는 죄책감에 조기 퇴원을 요청한다. 이는 병을 더 깊게 만들고 가족 전체가 원망의 대상이 되기도 한다.

중독자가 있는 양육환경은 성장하는 아동의 발달단계에서도 문제를 만든다. 중독은 여러 가지 문제를 만들고 불안정한 가정이 되기 쉽다. 여기서 말하는 불안정한 가정이란 편부모, 소통 부재, 억압, 과잉보호, 가정폭력, 학대 등을 말한다. 이러한 환경 속에서 성장한 아이들은 본인의 정체성을 형성하는데 제한이 있고 자아 정체성을 형성하지 못했을 경우 타인과 자신의 경계를 구분하지 못해 본인의 만족과 성취감을 타인의 만족에서 느끼고 주체적인 삶을 살지 못하게 된다.

성장 과정에서 부모에게 요구하며 실수하는 것은 자연스러운 과정이다. 하지만 불안정한 환경 속에서 성장하는 아동은 자신의 욕구를 포기하고 착한 모습과 우수한 성적을 통해 부모에게 보상하는 것을 집중한다. 이러한 아이의 모습에 부모는 술 먹고 실수하며 살았어도 자식 교육은 잘했다고 생각한다.

알코올중독자 자녀들과 대화해본 경험이 있다. 부모님의 중독문제에 대해 떳떳하게 이야기할 장소도 없고 도움을 청할 곳도 마땅치 않아 힘들었다고 한다. 그럴 때마다 스스로 달래기 위해 술이 아닌 다른 것을 찾았다고 한다. 청소년 시기에 부모님의 주사에 시달렸고 '우리 집안의 가장', '너만 보고 산다.'라며 항상 큰 부담을 안고 살았다고 한다.

성인이 된 이후 처음으로 술에 취해 부모님에게 울분을 토했다고 한다. 끔찍하게 싫었던 부모의 주사가 본인의 모습에도 보여 다시는 취할 때까지 술을 마시지 않는다고 한다. 과거로 돌아간다면 다 함께 모여 투명하게 음주 문제에 대해 각자의 생각을 나누는 시간을 가졌으면 좋았겠다고 아쉬움을 보였다.

중독 환자의 외로운 환경

술을 좋아하는 친구들과 음주를 통해 친분을 쌓은 중독자는 사회생활에서 술이 필수가 된다. 사회생활에 있어 사람들과 술을 마시는 것이 사회생활에 긍정적인 영향이 있다고 맹신하고 회식에서 다 마시지 못한 술을 귀가 이후 만취 상태로 술을 또 마신다. 주취 상태에서 문제들이 발생하더라도 이를 가정에서 숨긴다. 점점 문제의 크기가 커지고 빈도가 잦아져 수습할 수 없는 문제들 예를 들어 음주운전, 폭행, 퇴사 등의 문제가 생긴다면 가정에 말을 한다.

이러한 음주로 인한 개인의 문제들이 스트레스 요인이 돼 집에서도 계속 술을 찾게 만든다. 음주 문제로 실직하거나 개인의 생활에 영위할 수 없는 상태가 된 중독자는 스트레스를 술로 해결한다. 가정에서 미움받는 중독자는 가족의 잔소리에 대상자의 마음은 더 닫혀간다.

이렇게 술의 악습이 익숙한 가정에서 성장한 아이들은 성인이 된다면 이후 성장기에 가정에서 보고 자랐던 음주 형태를 보인다. 보고 자란 생활 습관이 삶의 일부가 되고 같은 패턴을 수십 년 강박적으로 반복하니 가정에서 성장하는 아이들도 중독의 고위험군이 된다. 이런 술에 익숙한 가정환경은 전술했던 문화 공백을 만들어 아이들에게 중독을 위험에 노출한다.

어느 알코올중독자가 한 말이 있다. '술은 실수하지 않는다, 내 몸속에 들어와 철저하게 나를 망가트린다.' 병식이 없는 중독자는 중독이 본인의 삶에 어떠한 변화를 줬는지, 현재 어떤 삶을 살고 있는지. 가족과 지인이 얼마나 힘든지를 제대로 바라보지 못하거나 알더라도 이를 애써 부정한다.

알코올중독자는 사회 구성원으로서 역할을 하지 못하고 술로 인해 가정과 직장을 잃는다.

　무능력, 가정폭력 등 여러 가지 이유로 이혼한다. 술로 인해 생기는 문제는 회사에서도 마찬가지이다. 근태 문제, 회식 자리, 음주운전 등의 문제로 직장을 잃는다. 근무 중 텀블러에 소주를 담아 마시다 술 냄새에 발목이 잡혀 회사에서 쫓겨난 사례도 보았다.

　기초생활 수급권의 문제는 예민하고 그만큼 조심스러운 문제이다. 기관이 담당하는 권역에는 많은 임대 아파트가 자리 잡고 있었고 이런 이유로 근무하며 만난 사람의 대부분이 수급권에 해당하는 사람들이다. 이들은 공과금을 제외한 대부분의 수급비를 술값으로 지출한다. 그래도 술값이 부족하면 다음 달 수급비를 핑계로 동네 슈퍼마켓에 외상 한다. 이런 중독자의 금전 관리 습관으로 생활비가 부족해지면 보호자가 감당한다. 술 정신으로 취해있는 대상자에게 어떠한 일을 바라는 것은 너무 위험하기 때문이다.

　그래도 상황이 괜찮은 경우는 자식이나 형제가 경제적 지원한다. 하지만 대부분은 형제나 자식과 연을 끊고 지낸다. 지독한 술주정과 술을 먹지 못한다면 사소한 일에 짜증을 내거나 시비를 걸고 연락의 이유는 돈이 필요하거나 부탁할 때만 사람을 찾는다.

　내가 경험한 어느 중독자는 동네의 모든 슈퍼마켓에 외상이 있었다. 외상을 갚지 않고 다른 가게에 외상을 하는 것을 반복하였고 동네의 모든 슈퍼마켓을 갈 수 없는 처지가 됐다. 결국 슈퍼마켓을 갈 수 없는 본인의 상황을 실토하며 술을 사다 달라며 요구하는 대상자도 있었다.

간혹 행정 절차로 생계비 지원이 늦거나, 차액이 발생한다면 중독자는 악성 민원인이 돼 등장한다. 수단과 방법을 가리지 않는다. 심지어 칼을 들고 목소리를 높이며 불합리하다는 내용의 이야기를 반복적이고 강하게 전달한다. 응급사례개입을 나가면 대부분은 생계비와 관련된 내용이다.

주말 동안 태풍 영향권에 들어온다는 금요일 오후 5시, 만취 상태로 월세가 밀려 잘 곳이 없다며 붕어빵을 손에 들고 자살하겠다며 공원 정자에서 난동을 부리는 대상자가 있었다. 밤 10시까지 지구대 직원과 함께 설득해 숙박시설에 보낸 경험이 있다. 음주 상태에서는 입원할 수 없기에 어쩔 수 없는 선택이었다.

작업을 선물하다

중독자에게 작업과 직업을 선물한 사례를 독자가 읽기에 지루하지 않게 쓰고 싶지만, 중독에서 직업재활 대상자를 발굴하는 것 자체가 어렵다. 여러 이유로 직업재활 사업에서는 많은 사례를 접하지 못했고 나의 경험 또한 짧아 입체적이고 풍부한 사례를 소개하지 못한다.

나는 이곳에서 근무하며 여러 업무를 수행해봤다. 예방 교육, 캠페인, 홍보활동, 사례관리, 프로그램 진행 등 작업치료사의 역할이 확실하게 정해지지 않은 탓도 있지만, 지역사회 기관의 특성상 한 가지 업무만 충실하게 수행할 수 없기 때문이기도 했다. 다른 사업에 손을 넣어주어야 할 경우가 5일 중 2일 이상은 됐다. 좋은 경험이었다.

나의 주 업무는 '중독자 직업재활 사업'이다. 전국에는 최초로 시행된 시범사업이고 이 기관은 전국에 있는 중독관리센터의 사업 시스템을 만든다. 나는 기관장과 팀장에게 적극적으로 나의 의견을 전달했고 감사하게도 중독자 직업재활 사업을 구성하는 팀에서 소중한 경험을 하고 있다.

중독자에게 작업이 필요한 이유는 중독 패턴으로 학습된 부정적인 작업을 소거하기 위한 대체 활동이 필요하다. 단주의 의지를 강화하는 것을 기본으로 자신의 흥미와 재능을 발견해 작업으로써 사회적응을 돕는 것이다.

삶속에서 사소한 스트레스가 쌓이면 우리는 취미생활을 하거나 각자 다른 방법에 몰두하고 즐기며 스트레스를 해소한다. 이처럼 집중할 수 있는 건강한 작업은 사람이 살아가는데 '도움' 된다. 하지만 중독자에게는 '필수'라고 느낀다.

일반적인 중독자는 중독행위를 제외한 다른 행동과 작업에는 흥미를 전혀 못 느끼지만 병식이 형성된 이후 일정 기간 단주를 유지한 중독자들은 작업에 대한 흥미를 찾는다. 병식이 형성될수록 중독행위의 유해함을 인지해 중독행위를 멀리하고 대체 행동에 대한 필요성을 느껴 동기를 가진다.

나는 중독자의 작업을 찾아주기 위해 욕구 조사를 했다. 조사 결과 가장 높은 욕구를 보였던 작업은 스마트폰 활용, 컴퓨터 활용 등 젊은 사람들은 일상생활에서 불편함 없이 사용하는 심지어 없으면 불편한 기능들을 배우는 작업에 대해 높은 욕구를 표현했다. 이 욕구를 해소하기 위해 '스마트폰 활용 교육'과 '컴퓨터 활용'을 교육했다. 중독자들은 교육을 높은 수준으로 학습하지 못했지만, 본인이 욕구했던 교육을 배운다는 것 자체에 높은 만족도를 보였다. 그 이후 젊은 사람들도 어렵다고 느끼는 '키오스크' 활용을 교육했다.

이처럼 중독자들도 삶과 중독 매체에 대한 고통스러운 고민이 아닌 일상생활에서 본인들이 흥미를 느낄 수 있는 작업과 활동이 있었다. 하지만 중독행위에 매몰돼 관심을 가지지 못했을 뿐이다. 병식이 높은 수준으로 형성되며 중독행위에 관심이 줄어들수록 본인의 흥미에 욕구를 표현하는 중독자들이 늘어나며 나는 성취감과 만족감을 느꼈다.

중독자가 직업을 갖지 않는 큰 이유는 수급권 탈락의 이유 때문이다. 무노동 유임금 중독생활이 악순환되면서 이들은 직업에 대한 동기를 느끼지 못한다. 나는 열심히 사업 조사를 하는 도중 한 사회적 기업 대표와 인터뷰하며 가능성을 봤다.

  사회적 기업의 대표는 스스로 수급권을 포기한 직업재활의 우수한 성공 사례였다. 이곳에서 근무하는 직원들의 일부는 수급권을 포기하고 직업을 가진 사람들이며 수급권에 영향을 받지 않는 선에서 근무하는 직원도 있다고 한다. 현재는 일손이 부족할 정도로 사업이 번창했다며 희망을 심어 주셨고 수급권 생활을 하며 주어진 대로 생활했던 모습을 지금 보면 나를, 더 병들게 하고 아프게 했다고 조언을 덧붙였다.

  내가 방황하고 있는 길에 뚜렷한 이정표를 찾은 순간이었고 나는 그대로 나아가면 충분했다. 대상자들에게 직업관을 형성하기 전 선행돼야 할 것은 수급권을 포기할 수 있는 강한 동기를 만드는 것이 중요하고 먼저 해야 할 작업이라고 말씀해주셨고 그 의견은 나도 동의했다. 이렇게 가능성을 확인하고 나는 업무에 더 집중하며 실천했다.

  이 사업을 수행하며 수급권을 포기하고 직업을 선택한 사례는 찾기 힘들다. 하지만 나와 다른 팀원들의 노력 결과로 성공 사례는 있다. 서울에 내놓으라는 대학교를 졸업한 이 대상자는 음주 재발이 잦다. 고학력의 중독자라는 타이틀이 부끄러웠는지 숨기고 살았다. 직업재활 프로그램인 자기소개서 작성을 하며 사실을 확인했다. 이 대상자는 언변이 좋고 자기주장이 강하며 사람들 앞에 나서서 발표하는 것에 흥미가 있다. 이 대상자의 특성과 강점을 이용해 성교육, 아동 교육 등

교육을 다니며 정보를 전달하는 인권 강사 직업을 원했다.

함께 자기소개서를 준비하며 증명사진도 찍었고 그렇게 직업재활 사업은 이정표를 따라 순항하고 있었다. 서류심사에 합격하고 워낙 언변이 좋아 면접은 걱정하지 않았다. 겸손한 마음가짐으로 충분했다. 결과가 나오기 전 나는 과연 이 대상자가 합격할 수 있을까 나와 팀원의 노력을 의심했고 대상자의 능력을 과소평가하고 있었지만. 결과는 최종 합격이었다.

괜한 죄책감과 민망함이 오가는 순간이었다. 첫 취업 성공이라는 대상자의 부담과 오랜 직장 복귀라는 압박에 대한 스트레스를 체크하고 관리하며 재발에 더 신경을 써야 했다. 이 대상자는 술을 마실 정신이 없다고 이야기했다. 하지만 일이 없는 주말이나 휴일에 혼자 있을 때 오는 갈망은 일을 시작하기 전보다 더 견디기 힘들다 강하게 느껴진다는 이는 수습 고가 기간이 끝나는 동시에 수급권을 포기했고 다른 팀원들의 아낌없는 도움을 통해 나의 첫 성공 사례로 남았다.

글을 마치며

나는 이곳에서 근무하며 정신질환에 대한 지식과 치료와 같은 전문 지식을 습득하며 전문 치료자로서 태도를 갖추며 한 단계 성장했다. 하지만 나는 전문 지식보다 더 큰 배움을 얻었다.

직원들은 모두 이렇게 착한 사람들이 세상에 또 있을까 생각들 정도로 나에게 무척 친절하다,
이렇게나 친절한 직원들보다 때로는 더 과분한 친절을 보이는 마중물 회원들 나에게 요즘 웃는 표정을 보기 힘들다며 묻고, 아침은 잘 챙겨 먹냐 묻고, 나의 프로그램 진행은 언제냐 묻는다. 아직 잠이 덜 깼다고 했고, 원래 아침은 먹지 않는다고, 매달 마지막 주 내가 진행하는

주라고 대답한다.

 나는 이런 자상한 관심이 민망하고 불편해 일부러 인사를 하지 않고 외부 일정을 나간 적도 있고 간혹 나는 바쁘다는 핑계로 퉁명스럽게 대답도 했다. 나의 시건방 떠는 태도를 까마득한 인생의 선배가 모를 리가 없지만, 눈웃음 지으며 넘어간다. 어쩌면 나의 부모님보다 더 자주 마주하고 더 많은 이야기를 나누는 웃어른에게 보이는 나의 이런 딱딱한 태도에 부끄러움을 느꼈다. 보이지 않는 곳에서 치열하게 자기 자신과의 다툼을 이겨내는 중독자들의 삶을 본다면 나는 이루어 말할 수 없이 행복하고 안정된 삶 속에서 편안함을 누리며 살고 있었다.
 매 순간 지독한 자신과의 전쟁에서 승리하는 강인한 인생의 선배들에게 '선생님'이라는 호칭을 듣는 것에 나는 과분했고 무척이나 불편하게 느껴졌다.

 나는 얼굴이 붉어질 정도로 과한 친절을 아무렇지 않게 아무런 대가 없이 당당하게 누리며 당연한 듯 살고 있었다. 직원이라는 이유로 '선생님'이라는 누릴 수 없는 대접을 받은 나는 나의 삶 속에서 이들만큼 치열한 전쟁을 경험했는지 생각해봤지만, 얼굴만 더 붉게 달아오르고 민망하기만 할 뿐 아무 소용 없었다. 나보다 더 단단하고 강인한 사람들이 나를 믿고 따랐다. 내가 나를 믿지 못하면 누가 나를 믿을까 생각하며 나를 믿기로 했다.

에필로그

  작업치료사들을 흔히 클라이언트의 '삶을 치료하는 치료사' 라고 말한다. 심각하게 무너져 있던 어떤 이들의 삶이 작업을 통해 하나씩 채워지고 세워져 가는 모습은 작업치료사들이 가장 바라는 순간 중 하나가 아닐까 싶다. 그러나 삶을 치료한다는 것은 결코 쉬운 일이 아니다. 건강한 작업을 갖고 건강한 삶을 지향하는 과정에서 수많은 인고(忍苦)의 시간과 역동들이 존재한다.

  특별히 정신과 환경에서 작업치료사들은 클라이언트의 보이는 문제와 더불어 보이지 않은 문제들과 씨름한다. 그 과정에서 어떤 것들이 정답과 해답을 가져다줄 수 있을까?

단순히 전문적 지식으로만 가득하다면 우리의 치료는 삭막한 작업이 될 것이고 과도한 예술성만을 강조한다면 치료의 신뢰성은 결여될 수밖에 없다.

이 책은 정신과 임상가들이 클라이언트의 삶을 치료하는 과정에서 발견한 귀중한 경험과 치료의 실질적인 방법을 제공하고자 노력하였으며 전문성과 예술성의 상호 관계 속에서 난섬을 극복하는 내용을 에세이 형식으로 담았다.

"치료는 우리의 작업이다."
책을 접하는 독자들도 삶을 치료하는 현장에 있을 것이다.
이 책 한 권으로 깊고 생동감 있는 치료를 만드는 선순환이 생길 수 있도록 기대해 본다.

- 작업을 사랑하는 정신건강작업치료사 3인방

개정판

정신건강을 위해 작업치료를 더하다

: 작업실천가들의 이야기 Occupational Activist

초판 1쇄 발행 | 2023년 2월 24일
개정판 발행 | 2025년 7월 7일

지은이 | 김영욱, 이영권, 황현승
펴낸이 | 김지연
펴낸곳 | 마음세상

출판등록 | 제406-2011-000024호 (2011년 3월 7일)

ISBN | 979-11-5636-626-3(03190)

원고투고 | maumsesang2@nate.com
블로그 | blog.naver.com/maumsesang

* 값 18,900원